AVALIANDO O BOLSA FAMÍLIA

EDITORA AFILIADA

Conselho Editorial da
área de Serviço Social
Ademir Alves da Silva
Dilséa Adeodata Bonetti (Conselheira Honorífica)
Elaine Rossetti Behring
Ivete Simionatto
Maria Lúcia Carvalho da Silva
Maria Lúcia Silva Barroco

Dados Internacionais de Catalogação na Publicação (CIP)
(Câmara Brasileira do Livro, SP, Brasil)

Silva, Maria Ozanira da Silva e
　　Avaliando o Bolsa Família : unificação, focalização e impactos / Maria Ozanira da Silva e Silva (coord.), Valéria Ferreira Santos de Almada Lima . — 2. ed. — São Paulo : Cortez, 2014.

Apoio: CNPq e CAPES.
Bibliografia.
ISBN 978-85-249-2208-4

　　1. Brasil - Política social 2. Pobreza - Brasil 3. Problemas sociais - Brasil 4. Programa Bolsa Família (Brasil) I. Lima, Valéria Ferreira Santos de Almada. II. Título.

14-05629　　　　　　　　　　　　　　　　　CDD-361.610981

Índices para catálogo sistemático:
1. Brasil : Programa Bolsa Família : Bem-estar social   361.610981
2. Programa Bolsa Família : Brasil : Bem-estar social   361.610981

Maria Ozanira da Silva e Silva (Coord.)
Valéria Ferreira Santos de Almada Lima

AVALIANDO O BOLSA FAMÍLIA
unificação, focalização e impactos

2ª edição

AVALIANDO O BOLSA FAMÍLIA: unificação, focalização e impactos
Maria Ozanira da Silva e Silva (Coord.) • Valéria Ferreira Santos de Almada Lima

Capa: Cia. de Desenho
Revisão: Marta Almeida de Sá
Preparação de originais: Solange Martins
Composição: Linea Editora Ltda.
Assessoria editorial: Maria Liduína de Oliveira e Silva
Editora assistente: Priscila F. Augusto
Coordenação editorial: Danilo A. Q. Morales

Nenhuma parte desta obra pode ser reproduzida ou duplicada sem autorização expressa das autoras e do editor.

© 2010 by Autoras

Direitos para esta edição
CORTEZ EDITORA
Rua Monte Alegre, 1074 – Perdizes
05014-001 – São Paulo – SP
Tel.: (11) 3864-0111   Fax: (11) 3864-4290
E-mail: cortez@cortezeditora.com.br
www.cortezeditora.com.br

Impresso no Brasil — agosto de 2014

Sobre as Autoras

MARIA OZANIRA DA SILVA E SILVA — É doutora em Serviço Social pela Pontifícia Universidade Católica de São Paulo. Desenvolveu estágio pós-doutoral no Núcleo de Estudos de Políticas Públicas da Universidade Estadual de Campinas. Pesquisadora Nível IA do CNPq. É coordenadora e professora do Programa de Pós-Graduação em Políticas Públicas da Universidade Federal do Maranhão (UFMA, <www.pgpp.ufma.br>); coordenadora do Grupo de Avaliação e Estudo da Pobreza e de Políticas Direcionadas à Pobreza (Gaepp, www.gaepp.ufma.br), onde vem desenvolvendo pesquisas sobre políticas sociais, com destaque à Política de Assistência Social e os programas de transferência de renda. Vem desenvolvendo também estudos no campo da avaliação de políticas e programas sociais. Autora dos seguintes livros publicados pela Cortez Editora de São Paulo: *A política habitacional brasileira: verso e reverso* (1989); *Refletindo a pesquisa participante*, 2. ed. (1991); *Formação profissional do assistente social*, 2. ed. (1995); *Renda mínima e reestruturação produtiva* (1997) e *O Serviço Social e o popular*, 7. ed. (2011). Coordenadora e coautora dos seguintes livros também publicados pela Cortez Editora: *Comunidade Solidária: o não enfrentamento da pobreza no Brasil* (2001); *Serviço Social, pós-graduação e produção do conhecimento no Brasil* (2005); *Políticas públicas de trabalho e renda no Brasil contemporâneo*, 3. ed. (2012); *Política social brasileira no século XXI: a prevalência dos programas de transferência de renda*, 6. ed.

(2012); *O Bolsa Família no enfrentamento da pobreza no Maranhão e Piauí*, 2. ed. (2013) e *O Sistema Único de Assistência Social: uma realidade em movimento*, 3. ed. (2012). É coordenadora e coautora de livros publicados pela Veras Editora de São Paulo: *Avaliação de políticas e programas sociais: teoria e prática*, 2. ed. (2005); e *Pesquisa avaliativa: aspectos teórico-metodológicos*, 2. ed. (2013) e *Pobreza e políticas públicas de enfrentamento à pobreza* (EDUFMA, 2013). É também autora de vários capítulos de livros, de artigos publicados em periódicos especializados e de trabalhos completos publicados em anais de eventos científicos nacionais e internacionais.

VALÉRIA FERREIRA SANTOS DE ALMADA LIMA — É doutora em Políticas Públicas pela Universidade Federal do Maranhão (UFMA). Professora do Departamento de Economia e do Programa de Pós-Graduação em Políticas Públicas da UFMA. Pesquisadora Nível II do CNPq e do Grupo de Avaliação e Estudo da Pobreza e de Políticas Direcionadas à Pobreza (GAEPP, <www.gaepp.ufma.br>), onde vem desenvolvendo, entre outros estudos, pesquisas sobre a política pública de trabalho e renda no Brasil e no Maranhão. Vem desenvolvendo também estudos no campo da avaliação de políticas e programas sociais. É coautora dos livros publicados pela Cortez Editora de São Paulo: *Comunidade Solidária: o não enfrentamento da pobreza no Brasil* (2001); *Políticas públicas de trabalho e renda no Brasil contemporâneo*, 3. ed. (2012); *O Bolsa Família no enfrentamento à pobreza no Maranhão e Piauí*, 2. ed. (2013); *Avaliando o Bolsa Família: unificação, focalização e impactos* (2010); *O Sistema Único de Assistência Social no Brasil: uma realidade em movimento*, 3 ed. (2012) e dos livros publicados pela Editora Veras de São Paulo: *Avaliação de políticas e programas sociais: teoria e prática*, 2. ed. (2005); e *Pesquisa avaliativa: aspectos teórico-metodológicos*, 2. ed. (2013). É autora de artigos publicados em periódicos especializados e de trabalhos completos publicados em anais de eventos científicos.

Sumário

Lista de siglas 11

Lista de tabelas e quadros 15

Lista de gráficos 17

Prefácio
Lena Lavinas 19

Apresentação à 2ª edição 23

1. Avaliando o Bolsa Família: o contexto, a proposta
   metodológica da pesquisa e o conteúdo do livro
   Maria Ozanira da Silva e Silva 25
   1.1 Situando o Bolsa Família enquanto programa de
       transferência de renda condicionada 25
   1.2 Apresentando a proposta metodológica da pesquisa 33
   1.3 O conteúdo do livro 38
   Referências 40

2. Caracterizando o Bolsa Família: uma aproximação ao processo de unificação dos programas de transferência de renda no Brasil
Maria Ozanira da Silva e Silva
Valéria Ferreira Santos de Almada Lima 43

2.1 O significado da unificação dos programas de transferência de renda 43

2.2 O Bolsa Família: caracterização e dimensão 47

2.3 O perfil das famílias beneficiárias do Bolsa Família 51

2.4 Conclusão 71

Referências 75

3. Focalização e impactos do Bolsa Família na população pobre e extremamente pobre
Maria Ozanira da Silva e Silva 77

3.1 A focalização dos programas de transferência de renda nas famílias pobres e extremamente pobres: questão central no debate e na implementação do Bolsa Família 77

3.2 Alcances e limites dos programas de transferência de renda: identificando possíveis impactos do Bolsa Família (BF) 103

3.3 Conclusão 146

Referências 151

4. Resultados de estudo empírico sobre o processo de unificação dos programas de transferência de renda: a mediação do Bolsa Família
Maria Ozanira da Silva e Silva
Valéria Ferreira Santos de Almada Lima 157

4.1 Introdução.. 157
4.2 A unificação dos programas de transferência de renda mediada pelo Bolsa Família.. 159
4.3 Condições disponíveis nos municípios para implementação do Bolsa Família....................................... 162
4.4 Canais de divulgação, ações complementares, redes de serviços sociais e condicionalidades............................ 170
4.5 Possíveis contribuições do Bolsa Família para redução da pobreza e críticas e sugestões ao programa................. 177
4.6 Conclusão... 181
Referências.. 184

Lista de siglas

AFDC	Aid for Families with Dependent Children (Programa de Auxílio às Famílias com Crianças Dependentes)
AGENDE	Instituto Ações de Gênero, Cidadania e Desenvolvimento
AIBF	Avaliação de Impacto do Bolsa Família
BF	Programa Bolsa Família
BIEN	Basic Income Earth Network
BM	Banco Mundial
BNB	Banco do Nordeste do Brasil
BPC	Benefício de Prestação Continuada
CADÚNICO	Cadastro Único
CAPES	Coordenação de Aperfeiçoamento de Pessoal de Nível Superior
CEDEPLAR	Centro de Desenvolvimento e Planejamento Regional de Minas Gerais
CIPBF	Coordenação Intersetorial do BF
CMAS	Conselho Municipal de Assistência Social
CNPq	Conselho Nacional de Desenvolvimento Científico e Tecnológico
CRAS	Centro de Referência da Assistência Social
CREAS	Centro de Referência Especializado de Assistência Social

EITC	Earned Income Tax Credit (Crédito Fiscal por Remuneração Recebida)
FAPEX	Fundação de Apoio a Pesquisa e Extensão
FGD	Fundo de Gestão Descentralizada
FINBRA	Finanças do Brasil
FPM	Fundo de Participação dos Municípios
FUNDEP	Fundação de Desenvolvimento da Pesquisa
IA	Insegurança Alimentar
IBGE	Instituto Brasileiro de Geografia e Estatística
ICMS	Imposto de Circulação de Mercadorias
IDH	Índice de Desenvolvimento Humano
IDH-M	Índice de Desenvolvimento Humano Municipal
IGD	Índice de Gestão Descentralizada
IGD-E	Índice de Gestão Descentralizada Estadual
IMC	Índice de Massa Corporal
IPEA	Instituto de Pesquisa Econômica Aplicada
LOAS	Lei Orgânica da Assistência Social
MAS	Ministério da Assistência Social
MDS	Ministério de Desenvolvimento Social e Combate à Fome
MESA	Ministério Extraordinário de Segurança Alimentar e Combate à Fome
MIFAPRO	Mi Família Progresa
MME	Ministério de Minas e Energia
NEPEM	Núcleo de Estudos e Pesquisas sobre a Mulher
OMS	Organização Mundial de Saúde
PAA	Programa de Aquisição de Alimentos da Agricultura Familiar
PAIF	Programa de Proteção Integral à Família
PEA	População Economicamente Ativa
PETI	Programa de Erradicação do Trabalho Infantil

PLANSEQ	Plano Setorial de Qualificação
PME	Pesquisa Mensal de Emprego
PNAD	Pesquisa Nacional por Amostra de Domicílios
PNAE	Programa Nacional de Alimentação Escolar
POF	Pesquisa de Orçamentos Familiares
PPGPP	Programa de Pós-Graduação em Políticas Públicas
PPGSS	Programa de Pós-Graduação em Serviço Social
PRAF	Programa de Asignación Familiar
PROCAD	Programa Nacional de Cooperação Acadêmica
PROGRESO	Programa de Educación, Salud y Alimentación
PRONAF	Programa Nacional de Fortalecimento da Agricultura Familiar
PRONASOL	Programa Nacional de Solidaridad
PROUNI	Programa Universidade para Todos
PTRC	Programa de Transferência de Renda Condicionada
PUC-RS	Pontifícia Universidade Católica do Rio Grande do Sul
PUC-SP	Pontifícia Universidade Católica de São Paulo
RMI	Programa de Renda Mínima de Inserção
RPS	Red de Protección Social
SIAFI	Sistema Integrado de Administração Financeira
SIBEC	Sistema de Benefícios ao Cidadão
SIGPLAN	Sistema de Informações Gerenciais e de Planejamento
SISTN	Sistema de Coleta de Dados Contábeis dos Entes da Federação
SISVAN	Sistema de Vigilância Alimentar e Nutricional
SUAS	Sistema Único de Assistência Social
SUS	Sistema Único de Saúde
UFBA	Universidade Federal da Bahia
UFMA	Universidade Federal do Maranhão
UFMG	Universidade Federal de Minas Gerais
UnB	Universidade de Brasília
WILD	World Income Inequality Database

Lista de tabelas e quadros

TABELAS

TABELA 1   Distribuição do número total de municípios, da amostra planejada e da amostra realizada, por região — Bolsa Família

TABELA 2   Aspectos importantes para assegurar saúde, conforto, lazer e comunicação nos domicílios particulares onde se registrou ou não transferência monetária de programas sociais do governo — 2004 e 2006

TABELA 3   Existência de bens duráveis nos domicílios particulares onde se registrou ou não transferência monetária de programas sociais do governo — 2004 e 2006

TABELA 4   Número médio de moradores em domicílios particulares permanentes, segundo o recebimento ou não de transferência monetária do governo — 2004 e 2006

TABELA 5   Número médio de moradores em domicílios particulares permanentes, segundo o recebimento ou não de transferência monetária do governo, Norte e Nordeste — 2004 e 2006

TABELA 6   Distribuição da população em grupos de idade, segundo o recebimento ou não de transferência monetária de programas sociais do governo — 2004 e 2006

TABELA 7   Taxa de frequência à escola ou creche das pessoas de 0 a 17 anos de idade — 2006

TABELA 8	Distribuição das pessoas de 10 anos de idade ou mais, por recebimento ou não de transferência monetária de programas sociais do governo, segundo os grupos de anos de estudo — 2006
TABELA 9	Taxa de analfabetismo das pessoas de 10 anos de idade ou mais, segundo o recebimento ou não de transferência monetária de programas sociais do governo — 2004 e 2006
TABELA 10	Nível de ocupação das pessoas de 10 anos de idade ou mais, segundo o recebimento ou não de transferência monetária de programas sociais do governo — 2004 e 2006
TABELA 11	Nível de ocupação das pessoas de 5 a 17 anos de idade, segundo o recebimento ou não de transferência monetária de programas sociais do governo — 2006
TABELA 12	Distribuição das pessoas de 10 anos de idade ou mais, segundo os segmentos de atividade do trabalho principal dos moradores de domicílios particulares que receberam ou não transferência monetária de programas sociais do governo — 2004 e 2006
TABELA 13	Distribuição das pessoas de referência dos domicílios de 10 anos de idade ou mais, segundo o recebimento ou não de transferência monetária de programas sociais do governo — 2004 e 2006
TABELA 14	Distribuição dos domicílios particulares, segundo recebimento de transferência monetária de programa social do governo e as classes de rendimento mensal domiciliar *per capita* — 2004
TABELA 15	Distribuição dos domicílios particulares, segundo recebimento de transferência monetária de programa social do governo e as classes de rendimento mensal domiciliar *per capita* — 2006

QUADROS

QUADRO 1	Programas de Transferência de Renda Condicionada em implementação na América Latina e Caribe — 2012

Lista de gráficos

GRÁFICO 1 Distribuição das famílias beneficiárias por região
GRÁFICO 2 Distribuição das famílias beneficiárias por área, urbana ou rural
GRÁFICO 3 Distribuição das famílias beneficiárias por tipo de domicílio
GRÁFICO 4 Distribuição das famílias beneficiárias por condição de ocupação dos domicílios
GRÁFICO 5 Distribuição das famílias beneficiárias por tipo de iluminação dos domicílios
GRÁFICO 6 Distribuição dos beneficiários, segundo o sexo
GRÁFICO 7 Distribuição da população pertencente ao primeiro quinto mais pobre do país em 2008, segundo o sexo
GRÁFICO 8 Distribuição dos responsáveis pelas unidades familiares das famílias beneficiárias, segundo o sexo
GRÁFICO 9 Procedimentos utilizados para preenchimento do questionário
GRÁFICO 10 Programas preexistentes ao Bolsa Família
GRÁFICO 11 Mecanismos utilizados para convocação das famílias no processo de migração para o Bolsa Família
GRÁFICO 12 Reação das famílias à imigração para o Bolsa Família
GRÁFICO 13 Secretaria de vinculação do Bolsa Família nos municípios
GRÁFICO 14 Setor responsável pela coordenação do Bolsa Família nos municípios

GRÁFICO 15   Quadro de pessoal do Bolsa Família nos municípios
GRÁFICO 16   Distribuição do pessoal trabalhando no Bolsa Família, segundo o tempo de dedicação
GRÁFICO 17   Distribuição do pessoal trabalhando no Bolsa Família, segundo a formação
GRÁFICO 18   Profissionais trabalhando no Bolsa Família, segundo o percentual de municípios que os utilizam
GRÁFICO 19   Municípios que declararam receber recursos do FGD
GRÁFICO 20   Canais de divulgação do Bolsa Família nos municípios
GRÁFICO 21   Opiniões sobre a contribuição do Bolsa Família para redução da pobreza

Prefácio

Transferências de renda não contributivas: a qualificação necessária

O campo da avaliação das políticas públicas careceu por muito tempo, no Brasil, de estudos sistemáticos que corroborassem ou viessem, ao contrário, infirmar a efetividade de determinadas intervenções, além de fazer conhecer seus propósitos, seu alcance, sua cobertura, seus efeitos e resultados. Essa não prática alimentou o desconhecimento e fragilizou a defesa e mesmo a crítica de políticas e programas, destituindo a sociedade de meios sólidos e criteriosos para julgar, aprovar ou refutar um sem-número de intervenções.

No campo da política social não foi diferente. Sobretudo, no campo da política de assistência social, campo esse até recentemente marcado por acentuada fragmentação, instabilidade e profunda debilidade institucional.

É bem verdade que o horizonte de curto prazo de muitas dessas intervenções voltadas para o combate à pobreza e exclusão; a dificuldade de estabelecer registros e coletá-los de modo a que se pudesse tornar tais avaliações substantivas e de fácil apreensão e compreensão pela opinião pública; o não compartilhamento dos dados existentes, para além da sua escassez; a ausência de financiamentos que costumam ser onerosos e a demandar longo tempo de observação e maturação para forjar interpretações ajuizadas e consistentes, são alguns dos fatores que acabaram por fazer com que a exceção — não avaliar — fosse a regra, e regra amplamente justificada.

O fato é que um olhar *desqualificado* sobre políticas e programas sociais no campo do combate à pobreza imperou por muito tempo, salvo algumas iniciativas pontuais, ainda que valiosas.

Ao contrário de outros países onde, de há muito, qualquer nova política ou programa social, ao ser criado, embute recursos no seu orçamento para avaliações internas e externas, de distintos matizes, de forma quase permanente, entre nós inovações institucionais como a criação do Sistema Único de Assistência Social (SUAS) ou de um programa social de grande escala como o Bolsa Família (BF) permanecem pouco avaliadas e quando isso ocorre, a disseminação dos resultados é de escopo limitado.

A prática de avaliar, por ora, reflete mais a percepção aguçada de pesquisadores que buscam respostas para suas indagações e suspeitas do que propriamente um protocolo incontornável na direção de mais transparência e informação qualificada.

É nesse contexto de muitas lacunas e muitas interrogações que cabe saudar o livro de autoria de Maria Ozanira Silva e Silva, coordenadora da pesquisa, juntamente com Valéria Ferreira Santos de Almada Lima, *Avaliando o Bolsa Família: unificação, focalização e impactos*.

As autoras desenvolveram uma metodologia original de consulta a 245 municípios, contemplando todas as regiões do Brasil, mediante o envio de um questionário eletrônico aos gestores do BF. Pontos nevrálgicos e polêmicos do desenho do programa são analisados à luz das respostas remetidas à equipe, entre elas quão efetivo foi o método de unificação dos antigos programas de transferência de renda que precederam o BF, quão eficaz é a focalização nos moldes adotados ou ainda qual o perfil das famílias beneficiárias.

No arremate final são feitas recomendações a partir das evidências coletadas. Uma leitura, portanto, qualificada e de interesse para acadêmicos, gestores, discentes e todos aqueles observadores exigentes que somos das mudanças da nossa sociedade.

Lena Lavinas
Instituto de Economia da UFRJ

Apresentação à 2ª edição

A revisão do texto para a 2ª edição do livro *Avaliando o Bolsa Família — unificação, focalização e impacto* é a expressão do compromisso das autoras em disponibilizar ao público leitor uma versão revisada e atualizada, destacando o percurso do Bolsa Família nos seus dez anos de implementação. Para isso, incluímos novas informações e reflexões o mais atualizadas possível.

Com o trabalho de revisão e atualização do livro, objetivamos levar informações e reflexões no campo da Política Social brasileira, especificamente no campo dos Programas de Transferência de Renda, em particular, o Bolsa Família, eixo central da proteção social no Brasil desde a última década do século XX, com maior destaque a partir de 2011, ao compor o eixo de transferência de renda do Plano Brasil Sem Miséria.

Na revisão procedida para essa 2ª edição, procuramos atualizar as informações e reflexões desenvolvidas nos capítulos 2 e 3 em que tratamos do processo de unificação dos programas de transferência de renda no Brasil, mediado pelo Bolsa Família, apresentando sua caracterização e dimensão e o perfil das famílias beneficiárias; em que apresentamos uma discussão atualizada da concepção e da realidade da focalização e dos possíveis impactos do Bolsa Família na redução da pobreza e da desigualdade social no Brasil, na dinâmica da economia e da vida nos municípios, na educação, na saúde, na segurança alimentar, no trabalho e na vida das mulheres, mães responsáveis pelas famílias junto ao Programa.

Quanto ao conteúdo do capítulo 4 do livro, denominado "Resultados de estudo empírico sobre o processo de unificação dos programas de transferência de renda: a mediação do Bolsa Família", o conteúdo foi mantido por conter os resultados de um estudo de campo realizado mediante a aplicação de questionários, via internet, junto a gestores do Bolsa Família, considerando uma amostra de municípios brasileiros selecionados, contando com o retorno de 245 municípios. A releitura desse capítulo chamou-nos a atenção pela atualidade do seu conteúdo, o que justifica a sua manutenção não só por se tratar dos resultados de uma pesquisa empírica, mas também pela sua atualidade e importância para o desvendar da realidade do Bolsa Família.

Esperamos, portanto, que este livro, revisto e atualizado em informações e reflexões sobre o Bolsa Família, continue contribuindo para o conhecimento da proteção social brasileira no campo das Políticas Sociais, especificamente no campo atual dos Programas de Transferência de Renda, como estratégia de política prevalente para enfrentamento da pobreza na contemporaneidade.

Maria Ozanira da Silva e Silva

1

Avaliando o Bolsa Família:
o contexto, a proposta metodológica
da pesquisa e o conteúdo do livro

Maria Ozanira da Silva e Silva

1.1 Situando o Bolsa Família enquanto programa de transferência de renda condicionada

Os programas de transferência de renda têm sido desenvolvidos em vários países da Europa a partir dos anos 1930.[1]

---

1. A partir dos anos 1930, muitos países na Europa introduziram programas de garantia de uma renda mínima, seja na forma de garantia de benefícios às crianças, de auxílios a famílias com crianças dependentes, de suporte de renda aos idosos, aos inválidos, aos que ganham pouco, de seguro-desemprego, de renda mínima de inserção ou de complexos sistemas de seguridade social (Suplicy, 2002, p. 75). Paugam (1999) destaca a introdução de sistemas de renda mínima garantida, todos sob condições de inserção profissional ou social, em países como Dinamarca (1933), Reino Unido (1948), Alemanha Federal (1961), Países Baixos (1963), Bélgica (1974), Irlanda (1977), Luxemburgo (1986), França (1988), em diversas províncias da Espanha — Andaluzia, Aragón, Astúrias, Catalunha, Galícia, Múrcia, Navarra e no País Basco (1990) — e em Portugal (1996). Merece destaque o Programa de Renda Mínima de Inserção (RMI) implantado na França em 1988 com a introdução da ideia de inserção profissional e social no âmbito da transferência de

Nos Estados Unidos, o governo de Franklin Roosevelt criou em 1935 o *Social Security Act* (Ato de Seguridade Social), que incluiu o *Aid for Families with Dependent Children* (AFDC) (Programa de Auxílio às Famílias com Crianças Dependentes), para complementar a renda de famílias com mães viúvas com dificuldades de cuidar de seus filhos e oferecer-lhes educação. Ainda nos Estados Unidos, em 1974, foi instituído o *Earned Income Tax Credit* (EITC) (Crédito Fiscal por Remuneração Recebida), direcionado a famílias de baixa renda, com pais trabalhando e com crianças (Suplicy, 2002).

Sobre os Programas de Transferência de Renda Condicionada (PTRC) em implementação na América Latina e Caribe, uma equipe de pesquisadores de universidades brasileiras, do Uruguai e da Argentina[2] desenvolveu em 2011/2012 um levantamento sobre esses programas, tendo como principal fonte de informações os *sites* dos respectivos programas, a partir do qual foi elaborado o quadro abaixo, tendo como critério de exposição o ano de criação de cada programa.

Em nível internacional, tem-se a Basic Income European Network, criada em 1986, enquanto articulação mundial em defesa de uma renda básica para todos, atualmente denominada *Basic Income Earth Network* (BIEN). A BIEN lidera amplo debate internacional sobre a renda básica, enquanto modalidade de programa de transferência de renda incondicional. Promove congressos internacionais a cada dois anos, devendo realizar em 2014 o *14th BIEN International Congress*, em Montreal, Canadá.

---

uma renda mínima à população desempregada (veja Silva, 1997) e o Programa de Rendimento Mínimo Garantido instituído em Portugal em 1997 (veja Branco, 2001).

2. Trata-se do projeto *Programas de Transferência de Renda Condicionada na América Latina: estudo comparado — Bolsa Família (Brasil), Nuevo Régimen de Asignaciones Familiares (AFAM-PE) (Uruguay) y Asignación Universal por Hijo para la Protección Social (Argentina)*, financiado pela CAPES (Edital CGCI n. 072/2010) e pelo CNPq (Edital Universal — CNPq n. 14/2011), contando com pesquisadores das seguintes instituições: Programas de Pós-Graduação em Políticas Públicas da UFMA/Brasil; PPGSS/PUC-SP/Brasil; PPGSS/PUC-RS/Brasil; Programa de Doctorado en Ciencias Sociales de la Facultad de Ciencias Sociales de la Universidad de La Republica/Uruguay e Mestrado en Ciencias Sociales de la Facultad de Ciencias Humanas de la Universidad Nacional del Centro de la Provincia de Buenos Aires da Argentina. Resultados do estudo encontram-se em texto sistematizado para publicação do livro: *A Pobreza no Foco dos Programas de Transferência de Renda na América Latina e Caribe*.

Quadro 1
Programas de Transferência de Renda Condicionada em implementação na América Latina e Caribe — 2012[3]

País	Nome do Programa	Ano de criação
Honduras	Programa de Asignación Familiar (PRAF), "Bonos 10.000" Programa Presidencial Salud, Educación y Nutrición criado em 2010	1990
Equador	Bono de Desarrollo Humano	1998
Colômbia	Programa Famílias en Acción	2000
Jamaica	Programme of Advancement through Health and Education (PATH)	2001
México	Oportunidades[4]	2002
Chile	Chile Solidário[5]	2002
Brasil	Bolsa Família	2003
Peru	Red Juntos (Programa Nacional de Apoyo Directo a los más pobres)	2005
Paraguai	Programa Abrazo, Programa Tekoporã e Programa Ñopytyvô	2005

---

3. O quadro acima apresenta PTRC distribuídos em 18 países da América Latina e Caribe, em implementação em 2012. Todavia, alguns desses programas se constituem de mais de um componente, às vezes, considerados programas independentes. Não consta da lista de países a Nicarágua, que manteve o Red de Protección Social (RPS), implementado de 2000 a 2006. Também o programa da Guatemala mais conhecido foi o Mi Família Progresa (MIFAPRO), implementado de 2008 a 2011, substituído em 2012 pelo Mi Bono Seguro. Ademais, a relação de programas é restrita a programas que mantêm condicionalidades para sua implementação, deixando de incluir alguns programas importantes, mesmo que de transferência de renda, como o Benefício de Prestação Continuada (BPC) do Brasil, direcionado a idosos e a pessoas com deficiências. Dada a complexidade, em razão de criação, desativação e programas às vezes com diferentes componentes, possivelmente, não foi possível, nesse estudo exploratório, terem sido incorporados todos os aspectos presentes nesses programas.

4. Em 2002, o Programa Oportunidades foi a designação substituta do Programa de Educación, Salud y Alimentación (PROGRESO) instituído em 1997 em substituição ao Programa Nacional de Solidaridad (PRONASOL) 1989-1994. Os três programas foram direcionados para a população pobre e indigente no contexto da notoriedade e inclusão da pobreza na agenda governamental, a partir da década de 1980 (Cohen; Franco; Villatoro, 2006).

5. O Chile Solidário vem sendo substituído desde 2013 pelo Ingreso Ético Familiar.

República Dominicana	Programa Solidaridad	2005
Panamá	Red de Oportunidades	2006
Costa Rica	Avancemos	2006
Trinidad e Tobago	Target Conditional Cash Transfer (TCCTP)	2007
Uruguai	Programa Nuevo Régimen de Asignaciones Familiares — AFAM-PE	2008
Bolívia	Programa Bono Madre — Niño "Juana Azurduy"	2009
El Salvador	Red Solidaridad Programa Comunidades Solidarias Rurales Programa Comunidades Solidarias Urbanas	2009
Argentina	Programa Asignación Universal por Hijo para Protección Social (AUF)	2009
Guatemala	Mi Bono Seguro	2012

Fonte: Elaboração própria, a partir de levantamento na internet e *sites* dos respectivos programas.

O debate internacional vem destacando, a partir dos anos 1980, os programas de transferência de renda como possibilidades para o enfrentamento do desemprego e da pobreza, ampliada na sua face conjuntural, com aprofundamento da pobreza estrutural e o surgimento da *nova pobreza*,[6] no contexto da reestruturação produtiva e dos programas de ajuste econômico (Atkinson, 1995; Brittan, 1995; Bresson, 1993; Vuolo, 1995; Gorz, 1991).

No Brasil, a temática dos programas de transferência de renda, denominados, inicialmente, de Programas de Renda Mínima ou Programas Bolsa Escola e outras denominações, tem seu desenvolvimen-

---

6. A nova pobreza é um fenômeno apontado pela literatura, a partir dos anos 1980, para qualificar situações diversas em decorrência dos ajustes econômicos do período. "Trata-se de um novo fenômeno que assume padrões, características e sentidos variados, afetando, diferentemente do passado, grupos e pessoas que nunca tinham vivenciado estado de pobreza." (Silva, 2002b, p. 66).

to histórico sistematizado em seis momentos: o primeiro momento, iniciado em 1991, quando o senador Eduardo Suplicy (PT/SP) apresentou o Projeto de Lei n. 80/1991, instituindo o Programa de Garantia de Renda Mínima para todo brasileiro a partir de 25 anos de idade, o qual foi aprovado no Senado, permanecendo, com parecer favorável, para aprovação da Câmara Federal.

O segundo momento, estendendo-se de 1991 a 1993, quando Camargo (1991; 1993; 1995) propõe uma transferência monetária a famílias que tivessem crianças de 5 a 16 anos em escolas públicas, introduzindo duas inovações no debate: a família como beneficiária, no lugar do indivíduo, bem como a articulação da transferência monetária com a obrigatoriedade de crianças e adolescentes frequentarem a escola. O objetivo seria articular uma política compensatória a uma estruturante, como condição de enfrentamento da pobreza.

O terceiro momento foi iniciado em 1995, quando começou a implementação das experiências pioneiras nas cidades de Campinas/SP, Ribeirão Preto/SP, Santos/SP e em Brasília/DF, concretizando, então, a possibilidade da adoção de políticas públicas de transferência de renda no contexto do Sistema de Proteção Social brasileiro.

O quarto momento, iniciado em 2001, durante o segundo mandato de Fernando Henrique Cardoso (1999-2003), foi marcado por significativa expansão dos programas federais criados em 1996 (BPC;[7] Programa de Erradicação do Trabalho Infantil [PETI])[8] e criação de

---

7. O BPC é um Programa do Governo Federal, previsto pela Constituição Federal de 1988 e regulamentado pela Lei Orgânica da Assistência Social (LOAS). Constitui-se de um benefício de transferência monetária mensal no valor de um salário-mínimo. Destina-se a pessoas idosas a partir de 65 anos de idade e a pessoas deficientes, devendo atender aos seguintes critérios: pertencer a uma família que não apresente condição de mantê-las, isto é, a família deve dispor de uma renda familiar mensal *per capita* inferior a um quarto do salário-mínimo e o candidato ao benefício não pode ter vinculação à Previdência Social. A pessoa com deficiência deve encontrar-se incapacitada para o trabalho e para a vida independente.

8. O PETI é um Programa do Governo Federal, integrado ao BF, para transferência de renda a famílias com crianças em situação de trabalho infantil com idade inferior a 16 anos, exceto na condição de aprendiz a partir de 14 anos. Além da transferência monetária às famílias, as crianças e adolescentes frequentam a escola e participam do Serviço de Convivência e Fortalecimento de Vínculo, tendo em vista sua retirada do trabalho precoce.

outros programas de iniciativa do governo federal (Bolsa Escola;[9] Bolsa Alimentação,[10] Bolsa Renda,[11] Vale Gás,[12] entre outros). Nesse quarto momento, registrou-se ainda a ampliação do debate com a introdução da ideia de uma Renda de Cidadania para todos os brasileiros, conforme preconiza o senador Suplicy (Suplicy, 2002), também autor do Projeto de Lei n. 266, de 4 de dezembro de 2001, que propõe a instituição de uma renda básica incondicional ou a renda de cidadania para todos os brasileiros.

O quinto momento, iniciado em 2003 com o governo de Luiz Inácio Lula da Silva, foi marcado, desde seu início, pelo Fome Zero, principal estratégia de enfrentamento da fome e da pobreza no Brasil, cujo principal programa é o BF, criado em 2003, já implementado em todos os municípios brasileiros e no Distrito Federal desde 2006, cuja proposta é a unificação dos inúmeros programas de transferência de renda criados no Brasil por iniciativa de governos municipais, estaduais e do governo federal. Nesse momento é também sancionada,

---

9. O Programa Nacional de Renda Mínima Vinculado à Educação — Bolsa Escola foi instituído em 2001, pelo Ministério da Educação (MEC). Destinava-se a famílias com crianças de 7 a 15 anos de idade, sendo o benefício transferido para cada família no valor de R$ 15,00 por criança, até o máximo de três filhos, totalizando até R$ 45,00. A contrapartida eram a matrícula e frequência da criança à escola.

10. O Programa Bolsa Alimentação, também criado em 2001, pelo Ministério da Saúde, visava reduzir deficiências nutricionais e a mortalidade infantil entre as famílias com renda *per capita* de até meio salário-mínimo. Destinado a famílias com mulheres gestantes ou que estivessem amamentando os filhos, ou ainda com crianças de 6 meses a 6 anos de idade. O benefício era de até três Bolsas Alimentação para cada família, ou seja, o valor de R$ 15,00 até R$ 45,00 por mês. Além da transferência monetária, era oferecido atendimento básico à saúde da família.

11. O Programa Bolsa Renda era um programa emergencial do governo federal de distribuição de renda a agricultores familiares para atender a famílias que residiam em municípios sujeitos à calamidade pública conhecida pelo governo federal. O benefício era fixado em R$ 60,00, mas era pago apenas R$ 30,00 por mês para cada família. Em setembro de 2003 esse programa foi substituído pelo Programa Bolsa Alimentação.

12. O Programa Vale Gás foi criado em 2002, pelo Ministério de Minas e Energia (MME), para compensar as famílias pobres devido à retirada de subsídio ao gás de cozinha. O critério de acesso era a família já integrar os programas do governo federal ou ter uma renda familiar *per capita* mensal de até meio salário-mínimo. O benefício era uma transferência de R$ 7,50 por mês, com repasse a cada dois meses.

pelo presidente da República, a Renda de Cidadania proposta pelo senador Suplicy com a indicação de que seria implementada com o atendimento inicial dos mais pobres; são criados, em janeiro de 2004, o Ministério de Desenvolvimento Social e Combate à Fome (MDS), em substituição ao Ministério da Assistência Social (MAS), e o Ministério Extraordinário de Segurança Alimentar e Combate à Fome (MESA), verificando-se também crescimento significativo no orçamento anual destinado aos programas de transferência de renda.

O sexto momento tem seu início em 2011, no governo da presidenta Dilma Rousseff, com a criação da Estratégia Brasil Sem Miséria, constituída de três eixos programáticos: transferência de renda, inclusão produtiva e ampliação de serviços sociais básicos, sendo o BF o principal programa de transferência de renda integrante do eixo de transferência de renda. A partir de então foram elevados os valores das transferências monetárias e o número de famílias atendidas, ultrapassando a 14 milhões de famílias em 2014 (Silva, 2002a; 2002b; Silva, Yazbek e Giovanni, 2012).

Nesse quadro mais geral, o BF é concebido no âmbito das reflexões aqui construídas enquanto expressão atual do processo de desenvolvimento dos programas de transferência de renda que, no Brasil, assumem a prevalência do Sistema de Proteção Social (Silva, Yazbek e Giovanni, 2012).

Entendemos que análises e avaliações sobre o BF demandam que sejam pontuados alguns aspectos conceituais considerados referências para o desenvolvimento da reflexão.

Transferência de renda é aqui concebida como uma transferência monetária direta a indivíduos ou a famílias. No caso brasileiro e de várias experiências da América Latina e Caribe, são programas focalizados em segmentos pobres da população e têm sua prestação condicionada a determinadas exigências que devem ser cumpridas pelos indivíduos ou pela família, principalmente no campo da educação, da saúde e do trabalho. Em relação à educação, a principal condicionalidade é a exigência de matrícula e frequência escolar de crianças e adolescentes; no campo da saúde é destacado o cumprimento de medidas básicas, como vacinação de crianças e pré-natal de mulheres grávidas e no trabalho as condicionalidades são geralmente relativas à capacitação profissional e à inserção no mercado de trabalho.

Enquanto programas focalizados na pobreza e condicionados ao cumprimento de determinadas exigências, três pressupostos os orientam: a) a transferência monetária direcionada a famílias pobres possibilita a complementação de renda dessas famílias permitindo a retirada de crianças e adolescentes da rua e de trabalhos precoces e penosos, para encaminhá-los à escola, o que contribui para interromper o ciclo vicioso de reprodução da pobreza; b) a articulação de uma transferência monetária com políticas e programas estruturantes (educação, saúde e trabalho), direcionados a famílias pobres, constitui-se numa política de enfrentamento à pobreza e às desigualdades sociais e econômicas; c) as condicionalidades são consideradas contrapartidas sociais que devem ser cumpridas pelo núcleo familiar, visando certificar o compromisso e a responsabilidade das famílias atendidas e representando o exercício de direitos para que as famílias possam alcançar sua autonomia e inclusão social sustentável.

Portanto, a questão da pobreza assume centralidade nos programas de transferência de renda. Nesse sentido, ressaltamos a existência de diferentes concepções de pobreza, sob a orientação de diferentes valores, fundamentando a formulação e o desenvolvimento de políticas, programas e ações para intervenção social. A referência aqui adotada é orientada pela concepção de pobreza enquanto fenômeno complexo e multidimensional, com destaque à sua determinação estrutural. Assim, a pobreza é concebida para além da insuficiência de renda; é produto da exploração do trabalho; é desigualdade na distribuição da riqueza socialmente produzida; significa o não acesso a serviços sociais básicos, à informação, ao trabalho e à renda digna, é não participação social e política.[13]

---

13. Uma reflexão a respeito do debate sobre a pobreza, destacando suas questões teórico-conceituais, encontra-se em Silva (2013).

1.2 Apresentando a proposta metodológica da pesquisa

A pesquisa que originou o presente livro foi desenvolvida no âmbito de uma proposta de cooperação acadêmica aprovada e financiada pela Coordenação de Aperfeiçoamento de Pessoal de Nível Superior (Capes) e pelo Conselho Nacional de Desenvolvimento Científico e Tecnológico (CNPq),[14] envolvendo o Programa de Pós-Graduação em Políticas Públicas da Universidade Federal do Maranhão (PPGPP)/(UFMA); o Programa de Pós-Graduação em Serviço Social da Pontifícia Universidade Católica de São Paulo (PPGSS)/(PUC-SP) e o PPGSS da Pontifícia Universidade Católica do Rio Grande do Sul (PUC-RS), sob a coordenação geral do primeiro.

A proposta de intercâmbio se constituiu de atividades de pesquisa, de ensino e de formação de recursos humanos em nível de pós-graduação, tendo como um dos eixos temáticos o BF e como espaço mobilizador dos trabalhos a constituição de uma rede de cooperação acadêmica envolvendo os três programas de pós-graduação situados em três regiões geográficas do país: Nordeste, Sudeste e Sul.

O BF, enquanto o maior programa brasileiro de transferência de renda, foi considerado no contexto da Política de Assistência Social por considerarem-se estes programas como mecanismos centrais para intervenção da Política de Assistência Social, situando-se no contexto da proteção social básica; por esses programas independerem de contribuição prévia e por direcionarem-se para a população-alvo da Política de Assistência Social, tendo nos Centros de Referência da Assistência Social (CRAS) a porta de entrada e o espaço de acolhimento e de atendimento das famílias beneficiárias.[15]

---

14. Trata-se, por parte da Capes, do Programa Nacional de Cooperação Acadêmica (PROCAD), desenvolvido, em nível nacional e, pelo CNPq, foi obtido financiamento mediante a concorrência ao edital MCT/CNPq n. 014/2008 — Universal.

15. Pesquisa desenvolvida no âmbito do mesmo PROCAD entre UFMA, PUC-SP e PUC-RS sobre a implantação e implementação do SUAS evidenciou que o BF se constitui no principal programa desenvolvido pelos CRAS em todo o Brasil, sendo estes responsáveis, na maioria dos casos, pelo cadastramento e pela atualização cadastral das famílias; pelo

O estudo desenvolvido teve o seu objeto configurado nas seguintes dimensões:

a) caracterização geral do BF, situando-o no contexto dos programas de transferência de renda;
b) caracterização do público-alvo atendido pelo BF;
c) avaliação do poder de focalização do BF;
d) identificação e análise de impactos dos programas de transferência de renda/BF para a realidade socioeconômica dos municípios brasileiros, para a redução da desigualdade e da pobreza no Brasil, para a segurança alimentar e nutricional das famílias beneficiárias, os possíveis impactos na área do trabalho, da educação e da saúde da população beneficiária, bem como possíveis impactos sobre as mulheres, consideradas, preferencialmente, representantes da família junto ao programa.

A metodologia e a estratégia de ação para desenvolvimento do estudo proposto podem ser desdobradas nos seguintes procedimentos.

O estudo foi se construindo a partir de aproximações sucessivas com a realidade econômico-social do país e mediante aproximações com estudos anteriores desenvolvidos por alguns pesquisadores da equipe; levantamento bibliográfico, documental e de dados secundários em fontes oficiais, como Instituto Brasileiro de Geografia e Estatística (IBGE), Instituto de Pesquisa Econômica Aplicada (IPEA) e MDS.

O estudo de natureza essencialmente qualitativa foi complementado com informações levantadas mediante a aplicação de um questionário pela internet,[16] com perguntas fechadas, abertas e semiabertas

---

acompanhamento das condicionalidades postas pelo BF para o cumprimento das famílias no campo da saúde e da educação e pelo desenvolvimento de ações complementares direcionadas ao público usuário do BF. Essa centralidade dos CRAS nas atividades do BF reduz o tempo que o quadro técnico deveria dedicar a outros programas, projetos e ações da Política de Assistência Social, principalmente se considerado o limite quantitativo e de capacitação das equipes técnicas nos municípios.

16. O cálculo e a descrição das amostras, a elaboração final do questionário e a aplicação do Programa Sphinx em todo o processo da pesquisa ficaram sob a responsabilidade do Prof. Edson Diniz Ferreira Filho, do Departamento de Matemática da UFMA, a quem agradecemos.

numa amostra representativa da realidade nacional, sendo selecionados, em cada região, os Estados de maior e de menor Índice de Desenvolvimento Humano (IDH) e um total inicial de 625 municípios brasileiros, nos Estados selecionados, sorteados, considerando o porte dos municípios, mais o Distrito Federal.

A necessidade do levantamento de muitas informações, dadas as inúmeras indagações da pesquisa, demandou a elaboração de um questionário razoavelmente longo. Nesse sentido, responder o questionário exigiu tempo e organização, o que pode ter suscitado dificuldades por parte dos informantes para o preenchimento e envio dos questionários. Por outro lado, a pouca experiência no interior do Brasil, notadamente nas pequenas e médias cidades, com o trato do envio de informações por *e-mail*, comprovada nesta pesquisa, com certeza prejudicou o retorno de questionários.

O planejamento da pesquisa não ignorou essas possíveis ocorrências, criando um procedimento que gerasse um grande tamanho de amostra, suficiente para compensar as prováveis perdas de informação por não envio do questionário respondido.

No que se refere à amostra por região, todas foram mantidas como planejado, isto é, todas as regiões foram representadas na amostra realizada, embora o Distrito Federal não tenha retornado seu questionário. Os Estados com menor e maior IDH foram representados nos casos de regiões com até sete Estados, e no caso da região Nordeste, que tem mais de sete Estados, continuaram também representados aqueles com menor, intermediário e maior IDH.

No segundo estágio, os municípios dos Estados selecionados foram distribuídos em cinco estratos, de acordo com o porte populacional. Nos quatro primeiros estratos foram planejados e selecionados, de forma probabilística, 30% dos municípios. Destes somente o Distrito Federal não retornou suas informações. Em todos os Estados houve retorno de questionários por parte dos municípios, embora em quantidade inferior à planejada, o que já era esperado. O último estrato foi composto de metrópoles (cidades com mais de 90 mil habitantes). Das seis metrópoles existentes nos Estados selecionados: São

Paulo, Campinas, Guarulhos, Curitiba, Distrito Federal e São Luís, apenas Campinas retornou seu questionário.

Em todos os estratos pesquisados, 245 municípios retornaram seus questionários respondidos, passando a compor a amostra final, que, depois de criticados, foram trabalhados pelo programa Sphinx[17] de pesquisa, gerando as informações finais.

Como houve variabilidade razoável do número de questionários retornados, devidamente respondidos, em relação ao previamente estabelecido, em diferentes estratos populacionais, passou-se à determinação dos erros amostrais cometidos, considerando as proporções amostrais (porcentagens de cada resposta relativas a todas as perguntas realizadas) como verdadeiras proporções populacionais. Os municípios, em cada estrato, foram selecionados pelo processo aleatório simples, razão pela qual o mesmo procedimento foi utilizado na determinação dos erros amostrais. Em função disso, usou-se a seguinte expressão estatística para determinação dos erros amostrais:

$$n = \frac{z^2 pq N}{(N-1)e^2 + z^2 pq}$$

$n = 245$, tamanho final da amostra, p = proporção relativa a cada resposta, de todas as perguntas realizadas, $q = 1 - p$, proporção contrária, $N = 5564$, número total de municípios à época do levantamento — IBGE, $z = 1{,}64$, valor padronizado da curva normal correspondente à confiança de 90% nos resultados apresentados pela pesquisa e, e = erro de amostragem, calculado através dessa expressão.

A determinação do erro de cada proporção utilizando a expressão acima foi realizada através do programa Sphinx, juntamente com o

---

17. O *software* de pesquisa e de análise de dados Sphinx® é fabricado pela empresa francesa Le Sphinx Développement (com sede em Annecy), e distribuído com exclusividade no Brasil e na América Latina pela Sphinx Brasil — reg. MCT/INPI: 95.002.038. O *software* permite a concepção de um instrumento, sua edição, elaboração de formulários, diferentes recursos para coleta, digitação, consulta, importação ou exportação de dados, n recursos para análises uni, bi ou multivariadas (ou seja, toda parte de processamento e geração de tabelas simples e cruzadas), recursos para análise de dados textuais (análise léxica, análise de conteúdo), recursos para transformação e combinação de dados, riqueza gráfica e de elaboração de relatórios.

programa Excel. Para a representação geral do erro amostral usou-se a média aritmética que, calculada, gerou um erro médio de 2,4%, considerado, estatisticamente, satisfatório pela comunidade científica internacional.

Veja a Tabela a seguir com as informações relativas à amostra planejada e à amostra realizada da pesquisa desenvolvida com o uso da internet junto aos municípios integrantes da amostra descrita.

Tabela 1
Distribuição do número total de municípios, da amostra planejada e da amostra realizada, por região — Bolsa Família

Região/UF	Número de municípios				
	Total (A)	Da amostra planejada (B)	(B/A) %	Da amostra realizada (C)	(C/A) %
Região Norte	449	14	3	4	0,9
Acre	22	8	36	3	13,6
Amapá	16	6	38	1	6,3
Região Nordeste	1.793	140	8	26	1,5
Maranhão	217	67	31	14	6,5
Rio Grande do Norte	167	50	30	6	3,6
Sergipe	75	23	31	6	8,0
Região Sudeste	1.668	220	13	117	7,0
Espírito Santo	78	24	31	12	15,4
São Paulo	645	196	30	105	16,3
Região Sul	1.188	208	18	90	7,6
Paraná	399	120	30	53	13,3
Santa Catarina	293	88	30	37	12,6
Região Centro-Oeste	466	44	9	8	1,7
Mato Grosso	141	43	30	8	5,7
Distrito Federal	1	1	100	0	0,0
Total	5.564	626	11	245	4,4

Fonte: Elaboração própria.

1.3 O conteúdo do livro

O presente livro é estruturado em quatro capítulos, de modo que este primeiro procura, inicialmente, situar o BF no contexto dos programas de transferência de renda considerando o desenvolvimento desses programas no âmbito internacional e destacando a América Latina e o Brasil, sendo ainda pontuados alguns aspectos conceituais considerados referência para o desenvolvimento da avaliação proposta, destacando a centralidade da categoria pobreza na formulação e implementação desses programas. Neste primeiro capítulo é ainda apresentada a proposta metodológica que orientou o desenvolvimento da pesquisa.

No segundo capítulo, a abordagem se volta para a apresentação do BF, onde é destacado o significado da unificação dos programas de transferência de renda no Brasil, percebida como o fundamento central no qual se assentou a própria formulação do BF, sendo destacados os avanços que essa proposta representou para as políticas sociais no Brasil, mas ressaltados também os limites e contradições presentes nessa proposta de unificação. O BF é considerado, na sua caracterização e na sua dimensão quantitativa, o maior programa social implementado no Brasil, pela abrangência geográfica, pelo total de famílias atendidas e pelo significativo montante de recursos orçamentários nele alocado. Ainda neste capítulo é apresentado o perfil das famílias beneficiárias do BF.

No terceiro capítulo, a abordagem se volta para a apresentação de dois aspectos centrais e relevantes no debate nacional e internacional que vem sendo desenvolvido sobre o BF, considerado o maior programa de transferência de renda do mundo. Nesse sentido, é apresentada, mediante a utilização de dados secundários e revisão bibliográfica e documental, uma discussão e problematização sobre a focalização do BF em famílias pobres e extremamente pobres e possíveis impactos, buscando-se considerar aspectos importantes que representam a proteção social das famílias pobres e extremamente pobres assumidas como o público-alvo do BF. São, então, destacados os impactos do programa para a realidade socioeconômica dos municípios brasileiros, para a redução da desigualdade e da pobreza no Brasil, para a segurança alimentar e nutricional das famílias beneficiárias, os possíveis impactos na área do trabalho, da educação e da saúde da população beneficiária, bem como são apontados possíveis impactos sobre as mulheres, consideradas, preferencialmente, representantes da família junto ao BF, como já foi dito anteriormente.

O quarto capítulo é dedicado à apresentação de resultados de um estudo empírico desenvolvido sobre o processo de unificação dos programas de transferência de renda destacando a mediação do BF. Esse estudo foi desenvolvido em uma amostra de municípios brasileiros mediante a aplicação, por internet, de um questionário estruturado em perguntas fechadas, semiabertas e abertas, tendo sido respondido pelos coordenadores municipais do BF nos municípios integrantes da amostra. O questionário aplicado foi estruturado considerando os seguintes aspectos: identificação do questionário, dos procedimentos para seu preenchimento e identificação do programa, a unificação dos programas federais, estaduais e municipais de transferência de renda preexistentes ao BF, condições que o município dispõe para implementar o BF, canais de divulgação do BF no município, autonomização das famílias beneficiárias, rede de serviços sociais no município para onde são encaminhadas as pessoas das famílias beneficiárias, possíveis contribuições do BF e outros programas de transferência de renda para a redução da pobreza no país, fatores que facilitam e que dificultam o processo de implementação do BF no município e levantamento de críticas e sugestões sobre o programa.

A reflexão desenvolvida sobre os programas de transferência de renda, especificamente o BF, no decorrer de todos os capítulos da presente coletânea, evidencia, independentemente da fonte que referenciou o conteúdo desenvolvido (documental, bibliográfica, dados secundários e pesquisa empírica), a contradição desses programas e suas possibilidades e limites, não se podendo, porém, desconhecer o significado deles para a população beneficiária e para aqueles que ainda buscam sua inclusão. É, portanto, nesse campo de contradições, de limites e possibilidades que precisamos desvendar a essência da política social enquanto mecanismo de proteção social no contexto de um país capitalista.

Dada a especificidade do conteúdo abordado, cada capítulo é finalizado com a apresentação de uma conclusão.

Referências

ATKINSON, Anthony B. *Public economics in action*. The basic income/flat tax proposal. Oxford: Oxford University Press, 1995.

BRANCO, Francisco José do Nascimento. *A face lunar dos direitos sociais*: virtualidades e limites do RMG como direito de cidadania em Portugal. Tese (Doutorado em Serviço Social) — Pontifícia Universidade Católica de São Paulo, São Paulo, 2001.

BRESSON, Yolan. *L'aprés salarial*: une nouvelle approche de l'économie. 2. ed. Paris: Econômica, 1993.

BRITTAN, Samuel. *Capitalism with a human face*. Aldershot: Edward Elgar, 1995.

CAMARGO, José Márcio. Os miseráveis 2. *Folha de S.Paulo*, São Paulo, 18 maio 1995.

_____. Os miseráveis. *Folha de S.Paulo*, São Paulo, 3 mar. 1993.

_____. Pobreza e garantia de renda mínima. *Folha de S.Paulo*, São Paulo, 26 dez. 1991.

COHEN, Ernesto; FRANCO, Rolando; VILLATORO, Pablo. México: el Programa de Desarrollo Humano Oportunidades. In: _____. *Transferencias con corresponsabilidade*: um mirada latino-americana. México: Facultad Latinoamericana de Ciencias Sociales/Secretaria de Desarrollo, 2006.

GORZ, A. *Métamorphose du travail*: quête du sense. Paris: Galilée, 1991.

PAUGAM, Serge. *L'Europe face à la pauvreté*: les expériences nationales de revenu minimum. Paris: Ministère de l'Employ et la Solidarité, 1999.

SILVA, Maria Ozanira da Silva e. A política pública de renda mínima no Brasil: perfil e tendências. *Cultura Vozes*, Petrópolis, ano 96, v. 96, n. 2, 2002a.

SILVA, Maria Ozanira da Silva e. A política social brasileira no século XXI: redirecionamento rumo aos programas de transferência de renda. In: CARVALHO, Denise Bomtempo Birche de; SOUSA, Nair Heloísa Bicalho de; DEMO, Pedro. *Novos paradigmas da política social*. Brasília: UnB, 2002b.

_____. Pobreza e suas diferentes expressões: questões teórico-conceituais e empíricas. In: _____. *Pobreza e políticas públicas de enfrentamento à pobreza*. São Luís: EDUFMA, 2013. p. 23-68.

_____. *Renda mínima e reestruturação produtiva*. São Paulo: Cortez, 1997.

_____; YAZBEK, Maria Carmelita; GIOVANNI, Geraldo Di. *A política social brasileira no século XXI*: a prevalência dos programas de transferência de renda. 6. ed. São Paulo: Cortez, 2012.

SUPLICY, Eduardo Matarazzo. *Renda de cidadania*: a saída é pela porta. São Paulo: Cortez, 2002.

VUOLO, Rubén lo (Comp.). *Contra la exclusión*: a proposta del ingreso ciudadano. Buenos Aires: CIEEP/Miño y Dávila Editores, 1995.

2

Caracterizando o Bolsa Família:
uma aproximação ao processo de unificação dos programas de transferência de renda no Brasil

Maria Ozanira da Silva e Silva
Valéria Ferreira Santos de Almada Lima

2.1 O significado da unificação dos programas de transferência de renda

A unificação dos programas de transferência de renda representa uma evolução e inovação no âmbito desses programas em implementação no Brasil a partir de 1995. Propõe-se a uma maior racionalização e simplificação do acesso da população aos referidos programas, cujo objetivo central é elevar a efetividade no combate à fome e à pobreza, prioridade social do governo brasileiro a partir de 2003. Propõe-se ainda a garantir maior proteção ao grupo familiar, inclusive com elevação do valor monetário do benefício. Para efetivação dessa proposta é necessário o desenvolvimento de ações partilhadas entre União, Estados e municípios e a participação da sociedade, o que pode significar um avanço importante no campo das políticas sociais (Fonseca, 2003). A pretensão é ter-se um programa mais justo, racional e eficiente. A unificação ainda, segundo seus formuladores, pode contribuir para melhor focalização nas famílias consideradas elegíveis no campo do enfrentamento da fome e da pobreza no Brasil, permitindo ainda o desenvolvimento sistemático do monitoramento e a avaliação do programa.

Tomando-se por referência as indicações acima, a realidade tem demonstrado que a unificação de programas demanda um trabalho complexo, visto que, no processo das políticas públicas, envolve diversidades de sujeitos orientados por interesses e racionalidades diferenciadas, implicando muitas negociações políticas entre os sujeitos interessados, nem sempre conciliáveis (Silva, 2004, p. 43).

O processo de unificação dos programas de transferência de renda iniciou-se com a criação do BF em 2003, desenvolvendo-se até 2007, quando foi praticamente concluída a migração dos quatro programas federais inicialmente definidos para unificação (Bolsa Escola, Auxílio Gás, Bolsa Alimentação e Cartão Alimentação) para o BF. Foi um processo implementado pelo MDS e os municípios.

Em estudo empírico desenvolvido nos Estados do Maranhão e Piauí, cujos resultados são apresentados em Silva (2013), foram identificados aspectos considerados relevantes em relação à unificação desses programas, sinteticamente assim expressos:

a) O processo de unificação mediado pelo BF só alcançou, efetivamente, quatro programas de transferência de renda federais (Bolsa Escola, Bolsa Alimentação, Vale Gás e Cartão Alimentação), com posterior integração do PETI. Ou seja, continuaram de fora desse processo programas instituídos pelos governos municipais e estaduais. Subsequentemente, ocorreu algum esforço de articulação ou de integração de alguns programas municipais e estaduais com o federal. Nesse processo foi registrada a adoção de critérios mais restritivos para inclusão das famílias e a diminuição do valor do benefício dos programas municipais e estaduais em relação aos anteriormente adotados. Mesmo assim, vários programas permaneceram com benefícios monetários mais elevados do que os concedidos pelo BF. Em alguns casos, ainda se verificou a mesma família participando do programa federal, do município e do estadual;

b) A classificação das famílias em extremamente pobres e em pobres é feita pela adoção de valores monetários referentes às rendas *per capita* familiares, respectivamente, fixados em R$ 77,00 e R$ 154,00.[1] Mesmo tendo ocorrido algumas atualizações, esses valores permanecem muito baixos para permitir a inclusão de contingentes significativos de famílias que vivenciam situação de pobreza. Ademais, a pobreza é dimensionada somente pelo critério da renda declarada, variável insuficiente para dimensionar a complexidade, o caráter estrutural e multidimensional deste fenômeno. Além de esses valores restringirem o número de famílias para inclusão no BF, essa classificação é difícil de ser explicada e compreendida pelas famílias, conforme revelado no estudo referenciado. Há que se considerar que esse critério termina restringindo a inclusão no programa quase que exclusivamente de famílias com os membros inseridos no mercado informal de trabalho, por não precisar comprovação da renda, ficando preteridas famílias com trabalhadores do setor formal, mesmo com baixo salário, por não poderem omitir a renda recebida;

c) Outro aspecto considerado problemático na proposta de unificação dos programas de transferência de renda mediado pelo BF é que os valores da transferência monetária repassado para as famílias beneficiárias são muito diversificados, definidos, a princípio, pela renda *per capita* familiar conforme a classificação das famílias em extremamente pobres e pobres e pelo número de crianças e adolescentes de cada família. Além de os valores monetários transferidos serem muito variados, continuam extremamente baixos para permitir alterações significativas na condição

---

1. Esses valores foram fixados com a criação do BF, em 2003, em R$ 50,00 e R$ 100,00, respectivamente, para inclusão de famílias extremamente pobres e pobres, sendo, posteriormente, reajustados para R$ 60,00 e R$ 120,00 e R$ 70,00 e R$ 140,00, ocorrendo o reajuste atualmente em vigor a partir de 1/6/2014 para R$ 77,00 e R$ 154,00.

de vida das famílias.² O entendimento dos participantes do estudo referenciado é de que a manutenção de valores diferenciados, enquanto critério de inclusão e para concessão do benefício, em si, já contradiz uma concepção mais ampla de unificação, fazendo com que a unificação fique reduzida à ideia de junção de programas federais, em torno de um único programa: o BF, permitindo uma gestão unificada, mas, no essencial, exceto pelos critérios de elegibilidade e valor do benefício, a unificação não se concretizou;

d) O estudo também revelou articulação insatisfatória entre a transferência monetária às famílias e a participação de seus membros em programas estruturantes, principalmente no campo do trabalho, o que, segundo os informantes que participaram do estudo, limita muito a possibilidade de autonomização das famílias. Nesse sentido, as ações complementares no campo do trabalho, além de quantitativamente reduzidas para o alcance do grande volume de famílias atendidas pela BF, são, no geral, capacitações para o desenvolvimento de trabalhos tradicionais e subordinados (por exemplo, são, predominantemente, cursinhos de habilidades manuais e artesanais) e sem a devida consideração às demandas do mercado de trabalho;

e) Foi ainda ressaltado não se registrar melhoria significativa na qualidade do ensino e no atendimento à saúde, aspectos fundamentais que configuram a dimensão estruturante do BF, embora venha se registrando avanço quantitativo da busca desses serviços por parte das famílias beneficiárias do BF, até porque são esses os aspectos exigidos para permanência no programa.

Mesmo com os limites apontados, registra-se certo consenso de que a proposta de unificação de programas sociais, em si, representa, sem dúvida, um avanço para a política social brasileira, marcada

---

2. O valor mínimo transferido às famílias, fixado em outubro de 2009, é R$ 22,00 e o valor máximo é R$ 200,00 (duzentos reais), conforme a renda *per capita* familiar e o número de crianças e adolescentes de até 15 anos e de jovens de 16 e 17 anos.

historicamente por grande diversidade de programas fragmentados, desarticulados, insuficientes e descontínuos.

2.2 O Bolsa Família: caracterização e dimensão

O BF é o maior programa de transferência de renda em implementação no Brasil, assumindo a centralidade do Sistema de Proteção Social. Foi instituído pela Medida Provisória n. 132, de 20 de outubro de 2003, transformada na Lei n. 10.836, de 9 de janeiro de 2004, sendo regulamentado pelo Decreto n. 5.209, de 17 de setembro de 2004. Idealizado enquanto uma política intersetorial, para unificação de programas de transferência de renda, situando-se, inicialmente, no âmbito da Estratégia Fome Zero.[3] Desde 2011, com a criação do Plano Brasil Sem Miséria, instituído no governo da presidenta Dilma Rousseff, o BF vem integrando um dos eixos desse plano que destaca a transferência de renda, acrescido de mais dois eixos de intervenção: inclusão produtiva e prestação de serviços sociais básicos.

Os objetivos do BF são ainda expressos pelas seguintes formulações:

a) Combater a fome, a pobreza e as desigualdades por meio da transferência de um benefício financeiro associado à garantia do acesso aos direitos sociais básicos — saúde, educação, assistência social e segurança alimentar;

b) Promover a inclusão social, contribuindo para a emancipação das famílias beneficiárias, construindo meios e condições para que elas possam sair da situação de vulnerabilidade em que se encontram (Brasil, 2006).

---

3. A Estratégia Fome Zero é representada por um conjunto de políticas governamentais e não governamentais, tendo como principal objetivo erradicar a fome e a desnutrição no país. Seus principais programas são: BF, Programa de Aquisição de Alimentos da Agricultura Familiar (PAA), Programa Nacional de Alimentação Escolar (PNAE), Programa de Construção de Cisternas, Programa Nacional de Fortalecimento da Agricultura Familiar (PRONAF), Restaurantes Populares.

A unificação dos programas de transferência de renda no Brasil, mediada pelo BF, propõe corrigir problemas identificados na operacionalização do conjunto disperso desses programas então em desenvolvimento, tais como: sobreposição e concorrência de programas nos seus objetivos e no seu público-alvo, necessidade de planejamento e coordenação geral desses programas e de ampliação do público-alvo (Brasil, 2002). Todavia, a proposta inicial de unificação limitou-se a quatro programas federais: Bolsa Escola, Bolsa Alimentação, Auxílio Gás e Cartão Alimentação, tendo sido posteriormente integrado ao BF o PETI, registrando-se, posteriormente, pactuações com diversos programas estaduais e municipais, mediante Termo de Cooperação. As pactuações se efetivam com a integração de programas de transferência de renda ao BF ou mediante a complementação do valor monetário pago às famílias beneficiárias do BF.

A implementação do BF ocorre de modo descentralizado por parte dos municípios, com assinatura de Termo de Adesão pelo qual o município se compromete a instituir comitê ou conselho local de controle social e a indicar o gestor municipal do programa. Para efetivação do processo de implementação, é previsto um conjunto de responsabilidades partilhadas entre a União, Estados, municípios e a sociedade.

Em termos do público atendido, foram beneficiadas 3,6 milhões de famílias em 2003 com um orçamento de 4,3 bilhões de reais; foram atendidas 6.571.842 famílias até dezembro de 2004, com um orçamento de 5,3 bilhões de reais, sendo o programa então implementado em 5.533 municípios brasileiros (99,50%). Até dezembro de 2005, beneficiou cerca de 8 milhões de famílias, atingindo 100% dos municípios brasileiros e alcançando 77% das famílias com renda *per capita* de até R$ 100,00, com investimento da ordem de R$ 6,5 bilhões. Em julho de 2006 foram atendidas 11.120.363 famílias, com investimento de R$ 683.130.503,00 por mês, com um orçamento para todo o ano da ordem de R$ 8,3 bilhões. Em janeiro de 2008, conforme dados acessados no *site* do MDS (disponível em: <www.mds.gov.br>), em 22/2/2008, eram beneficiadas 11.007.894 famílias, representando 73,04% das 15.069.252 famílias pobres com renda *per capita* familiar de até R$ 120,00 que haviam sido cadastradas até 30/11/2007. Até outubro de 2008, ao completar cinco anos de implementação, o BF já havia investido R$ 41 bilhões de reais, sendo a metade na região Nordeste, a mais pobre do país. Verifica-se, portanto, que praticamente não houve expansão do programa de 2006 até o início de 2009. Em maio de 2010, conforme acessado no *site* <www.mds.gov.br> em 7/7/2010, o BF atendia a 12.467.470 das 15.833.629 famílias pobres e extremamente pobres cadastradas até 30/4/2010, representando 78,74% do público-alvo do programa, o que ainda evidencia uma significativa defasagem na focalização dessas famílias com renda *per capita* familiar de até R$ 140,00. Todavia, dados acessados no site do MDS em 8/10/2010 indicaram que em setembro de 2010 eram atendidas 12.769.155 famílias, com uma cobertura de 98,26%.

Os dados oficiais evidenciam um crescimento acelerado do Programa de 2004 a 2013, incluindo em alguns anos mais de dois milhões de novas famílias, de modo que mais que dobrou o número de famílias atendidas de 2004 a 2013, passando de 6,57 milhões de famílias para 14,10 milhões. Se considerado o mês de março de 2014, o site do MDS, acessado em 24/3/2014, registrava um total de 14.053.368 famílias atendidas. Esses números indicam o atendimento de mais de 56,40 milhões de pessoas, em 2013, se considerada a existência de uma média de quatro pessoas por família. Em relação aos recursos aplicados no BF, verifica-se também o crescimento do seu orçamento anual, no mesmo período de 2004 a 2013, sendo significativamente superior em relação ao crescimento das famílias atendidas. Enquanto estas registraram um crescimento anual médio de 9,8%, os recursos orçamentários apresentaram um crescimento médio real de 11,8% ao ano, chegando, em 2013, ao total de mais de 21,85 bilhões. O orçamento do BF continua crescendo em 2014, com o registro de R$ 2.121.091.032,00 no mês de fevereiro.

O BF tem a proposta de proteger o grupo familiar, atendendo a famílias extremamente pobres, com renda *per capita* mensal de até R$ 77,00, independentemente de sua composição e da idade dos membros da família, e famílias pobres, com renda *per capita* mensal entre R$ 154,00 desde que possuam gestantes, nutrizes, ou crianças e adolescentes entre 0 e 17 anos. As famílias extremamente pobres, mesmo que não tenham crianças, adolescentes ou jovens, recebem um benefício básico de R$ 77,00, podendo ainda receber um benefício variável de mais R$ 35,00 por cada filho de até 15 anos de idade, até cinco filhos. As famílias pobres não recebem o benefício básico, mas têm direito ao benefício monetária variável de R$ 35,00 mensais por cada filho de até 15 anos de idade.[4] No caso de famílias pobres e extremamente pobres com adolescentes de 16 e 17 anos, a família recebe um adicional de R$ 42,00 por até dois adolescentes, desde que continuem frequentando a escola. Assim, tem-se um benefício médio por famílias em extrema pobreza de R$ 242,00 e para todas as famílias o benefício médio é de R$ 167,00. As famílias têm liberdade na aplicação do dinheiro recebido e podem permanecer no programa enquanto houver a manutenção dos critérios de elegibilidade, desde que cumpram as condicionalidades de manutenção de crianças e adolescentes de 7 a 15 anos na escola; frequência regular de crianças de 0 a 6 anos de idade aos postos de saúde e frequência de mulheres gestantes aos exames de rotina.

Além da transferência monetária, para permitir a melhoria na alimentação e no atendimento de necessidades básicas do grupo familiar, o BF indica o desenvolvimento de ações complementares mediante articulação com outros programas de natureza estruturante, principalmente no campo da educação, da saúde e do trabalho.[5]

---

4. O BF vem ampliando seu público-alvo, incluindo também o atendimento de famílias sem filhos, como o caso dos quilombolas, famílias indígenas e moradores de rua.

5. Os programas complementares articulados em nível federal são os seguintes: Programa Brasil Alfabetizado destinado à alfabetização de pessoas com 15 anos de idade ou mais; ProJovem, voltado para reintegração ao processo educacional e qualificação social e profissional de jovens entre 15 e 29 anos; Projeto de Promoção do Desenvolvimento Local e Economia Solidária para acesso ao trabalho e à renda tendo como público comunidades e segmentos excluídos; Programa Nacional de Agricultura Familiar e programas de microcrédito do Banco do Nordeste do Brasil (BNB) para acesso ao trabalho e à renda direcionado a agricultores familiares; Programa Nacional Biodiesel para acesso ao trabalho e à renda também direcionado a agricultores familiares e Programa Luz para Todos para expansão de

2.3 O perfil das famílias beneficiárias do Bolsa Família[6]

Este item tem como foco o perfil socioeconômico das famílias atendidas pelo BF no Brasil, tomando como principais fontes de pesquisa os últimos estudos realizados pela Secretaria Nacional de Renda e Cidadania do MDS, com base nos dados fornecidos pelo Cadastro Único (CadÚnico), referentes aos anos de 2006 e de 2009, complementados pelo estudo realizado por Camargo et al. (2013), com base nos dados fornecidos pelo Cadastro Único (CadÚnico), referentes ao ano de 2013. Aborda, em primeiro lugar, as características dos domicílios atendidos pelo programa, em termos de localização geográfica, tipo de construção, abastecimento de energia, água, escoamento sanitário e coleta de lixo. Em seguida, discute o perfil dos beneficiários em termos de sexo, faixa etária, raça/cor e escolaridade, bem como o perfil dos responsáveis legais pelas famílias atendidas em termos de sexo, idade, escolaridade e ocupação.

Características dos domicílios

O BF, em março de 2013, já abrangia todos os municípios brasileiros e o Distrito Federal e atendia 13.053.368 famílias pobres e extremamente pobres, com um orçamento de R$ 2.112.734.614,00 no referido mês.

De acordo com o perfil das famílias beneficiárias do BF, elaborado pelo MDS com base em microdados do CadÚnico relativos aos

---

energia elétrica no meio rural. Além desses, foram acrescidos novos programas: Ações Emergenciais de Enfretamento aos Efeitos da Estiagem, Bolsa Verde, Carta Social, Passe Livre para Pessoas com Deficiência, Tarifa Social de Energia, Telefone Popular, Acesso a Creches para crianças de 0 a 4 anos beneficiárias ao BF, Programa Mais Educação, Isenção de Taxa de Concurso Público, Minha Casa Minha Vida, Plano Setorial de Qualificação (PLANSEQ) BF e Programa de Proteção Integral à Família (PAIF).

6. Este item constitui parte do painel intitulado *O Bolsa Família no Brasil: debate sobre questões centrais — focalização, universalização e direito*, apresentado no 13º Congresso Internacional da Rede Mundial de Renda Básica, realizado na cidade de São Paulo, Brasil, no período de 30 de junho a 2 de julho de 2010.

anos de 2006 e 2009, grande parte dos domicílios atendidos concentrava-se na região Nordeste, representando 49,6%, em 2006, e 50,1%, em 2009, do total de domicílios beneficiados no Brasil. Enquanto isso, no outro extremo aparecia a região Centro-Oeste, com os percentuais de 5,5%, em 2006, e 5,1%, em 2009. No estudo realizado por Camargo et al. (2013), com base no CadÚnico de 2013, essa distribuição regional das famílias atendidas se manteve praticamente inalterada, ainda concentrando-se 50,2% das famílias no Nordeste do país, enquanto no Centro-Oeste se encontravam apenas 5,4%.

Gráfico 1
Distribuição das famílias beneficiárias por região

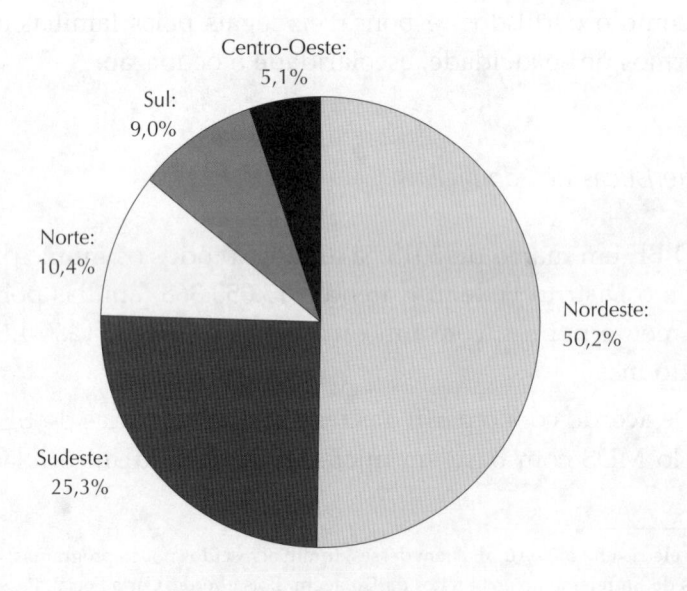

Centro-Oeste: 5,1%
Sul: 9,0%
Norte: 10,4%
Nordeste: 50,2%
Sudeste: 25,3%

Fonte: Brasil, 2010.

Este dado revela um avanço no esforço de focalização do programa, uma vez que é na região Nordeste que se situam os Estados e municípios mais pobres da Federação, detentores dos piores indicadores de pobreza e de exclusão social, como atestam os *rankings* construídos a partir do Índice de Desenvolvimento Humano Municipal (IDH-M) (Instituto de Pesquisa Econômica Aplicada; Programa das Nações Unidas para o Desenvolvimento, 2003) e do Índice de Exclusão Social (Pochmann e Amorim, 2004), dentre outros indicadores. De fato, de acordo com o IDH-M, os três Estados mais mal situados no *ranking* nacional encontram-se na região Nordeste, incluindo-se dentre eles o Piauí (25ª posição) e o Maranhão (última posição). Esta situação se repete quando considerado o Índice de Exclusão Social, sendo também este último Estado o pior colocado e o que abriga 39 dos 100 municípios mais pobres do Brasil em termos deste índice, enquanto 13 dentre os 100 localizam-se no Piauí (Silva et al., 2008).

Quanto à localidade dos domicílios atendidos, a maior parte destes concentrava-se no meio urbano (68,4% em 2006, 70,0% em 2009 e 75,3% em 2013), tendência que era seguida em todas as regiões, destacando-se a região Centro-Oeste, que chegava a ter, no ano de 2006, 84,4% dos domicílios localizados em área urbana, caindo ligeiramente este percentual para 83,3% em 2009 e elevando-se para 86,6% em 2013, ano em que se equiparou com a região Sudeste, a qual atingiu o mesmo grau de urbanização dos domicílios atendidos. Verifica-se ainda que o Nordeste, apesar de possuir, em 2013, 68,1% dos domicílios beneficiários situados em área urbana, era a região que apresentava o maior percentual de domicílios concentrados no meio rural (31,9%). Isto se coaduna com o fato de ser esta a região do país que abriga os Estados com as menores taxas de urbanização e com os maiores percentuais da População Economicamente Ativa (PEA) residindo na área rural. Este é o caso, por exemplo, do Maranhão e do Piauí, em que estes percentuais ainda excedem um terço da PEA, figurando como os menos urbanos do país e que, coerentemente com este perfil, apresentavam os maiores percentuais de domicílios atendidos pelo BF localizados no meio rural (43,2% e 44,9%, respectivamente, segundo os dados de 2009).

O atendimento prioritário das famílias residentes na área urbana, além de guardar correspondência com a taxa de urbanização do país — que já ultrapassou, desde meados dos anos 2000, 80% da população — justifica-se pela gravidade das tensões sociais que permeiam as grandes cidades e pelas especificidades da pobreza urbana, caracterizada pelos altos índices de desemprego e de subemprego e pela ausência das estratégias de sobrevivência buscadas pela população pobre residente na área rural, pautadas, sobretudo, na produção para o autoconsumo, típica do regime de agricultura familiar (Silva, Guilhon e Lima, 2001).

Gráfico 2
Distribuição das famílias beneficiárias por área, urbana ou rural

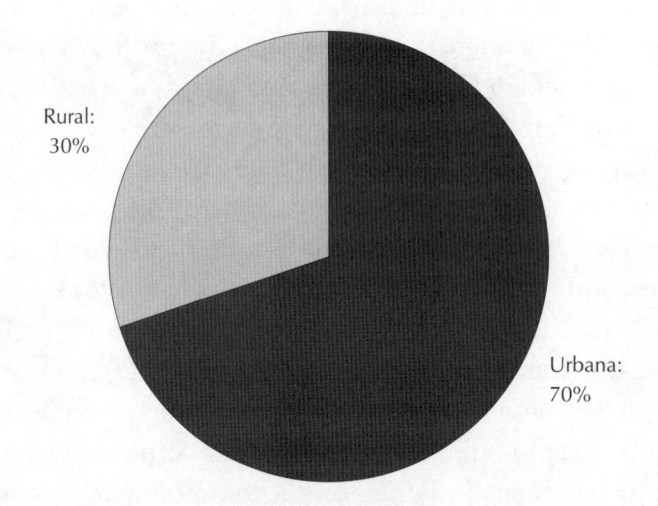

Rural: 30%

Urbana: 70%

Fonte: Brasil, 2010.

Em relação ao tipo de domicílio, a grande maioria das famílias atendidas pelo Programa no Brasil morava em casas (91,8% em 2006 e 92,6% em 2009), seguida das famílias que habitavam em cômodos (5,2% em 2006 e 5,9% em 2009), tendência também observada em todas as regiões do país, sendo pouco expressivos os percentuais das famílias que residiam em apartamentos (0,8% nos dois anos considerados), ou em outros tipos de moradia (0,7% tanto em 2006 como em 2009). Ressalta-se ainda que, no ano de 2009, as regiões com menores percentuais de famílias residindo em casas eram o Sudeste (88,7%) e o Centro-Oeste (85,0%), o que se explica por serem aquelas que possuíam maior incidência de famílias habitando em cômodos (9,0% e 12,7%, respectivamente), destacando-se os Estados do Rio de Janeiro, Goiás e o Distrito Federal com, respectivamente, 11,8%, 17,6% e 33,2% das famílias atendidas enquadradas neste tipo de moradia.

Gráfico 3
Distribuição das famílias beneficiárias por tipo de domicílio

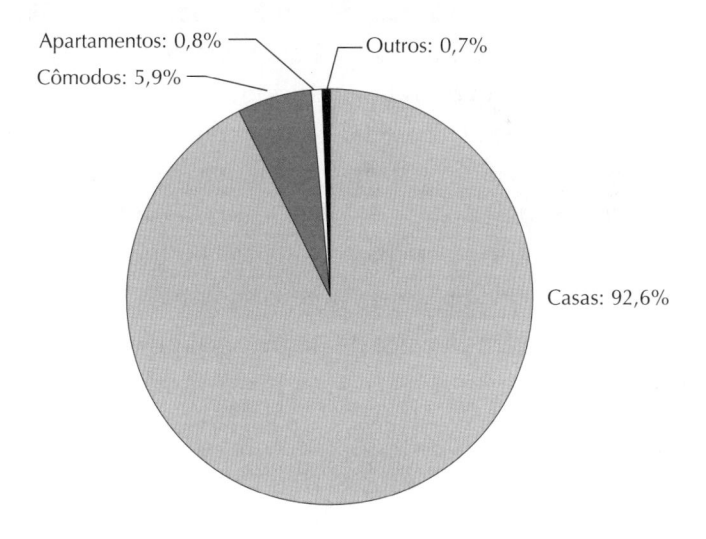

Apartamentos: 0,8%
Cômodos: 5,9%
Outros: 0,7%
Casas: 92,6%

Fonte: Brasil, 2010.

Quanto à condição de ocupação do domicílio, verifica-se que, em todo o país, para a maioria das famílias beneficiárias, os domicílios eram próprios, o que representava, em 2006, 62,7% e, em 2009, 61,6% do total de domicílios. Em segundo lugar, sobressaíam as famílias que residiam em domicílios cedidos (20,2% em 2006 e 22,8% em 2009), seguidas das que residiam em domicílios alugados ou arrendados (11,2% em 2006 e 13,1% em 2009). Importa ressaltar, portanto, que, no ano de 2009, 84,4% dos domicílios atendidos pelo BF eram próprios ou cedidos, o que tem uma implicação positiva do ponto de vista do orçamento familiar, já que este, na maioria dos casos, não inclui despesas referentes a aluguel ou arrendamento, embora eventualmente possa compreender algum custo relacionado ao financiamento do imóvel.

Tal como em 2006, no ano de 2009, a região Norte era a que apresentava o maior percentual de famílias vivendo em moradia própria (70,6%), seguida da região Nordeste (68,2%), ambas situando-se, por conseguinte, acima da média nacional. Tal tendência pode ser justificada por serem estas as regiões com maior incidência de famílias beneficiárias residindo no meio rural, conforme já evidenciado anteriormente. Em contraposição, toda a região Centro-Sul (Sul, Sudeste e Centro-Oeste), em 2009, tinha menos de 55,0% de famílias habitando em domicílios próprios, sendo a menor proporção encontrada na região Sudeste (49,5%) e destacando-se o Centro-Oeste com o maior percentual de domicílios alugados ou arrendados (18,6%) e o Sul com a maior incidência de domicílios invadidos (3,3%).

No que se refere à densidade de pessoas por domicílio, um primeiro indicador que merece consideração é o número médio de pessoas por domicílio, sendo este, no conjunto do Brasil, no ano de 2009, correspondente a 3,97 pessoas. A região que se destacava com o maior número de pessoas por domicílio era o Norte (4,30 pessoas), situando-se as demais em torno da média nacional. Entre as unidades da federação, o Estado do Acre apresentava o maior número de moradores por domicílio (4,74 pessoas), seguido do Distrito Federal (4,68 pessoas). Neste último caso, a elevada densidade de pessoas por domicílio pode estar associada ao fato de ser esta uma das unidades da federação com maiores percentuais de domicílios invadidos e cedidos.

Gráfico 4
Distribuição das famílias beneficiárias
por condição de ocupação dos domicílios

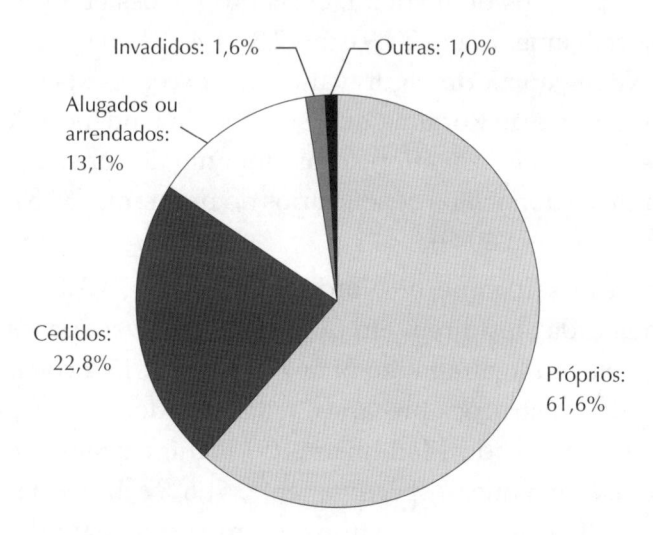

- Invadidos: 1,6%
- Outras: 1,0%
- Alugados ou arrendados: 13,1%
- Cedidos: 22,8%
- Próprios: 61,6%

Fonte: Brasil, 2010.

Um segundo indicador importante para aferir a densidade de pessoas por domicílio se refere ao número médio de cômodos, que nos domicílios atendidos na totalidade do país, em 2009, correspondia a 4,03. A região que abrigava as maiores habitações era o Nordeste, com uma média de 4,27 cômodos por domicílio, e a com menores habitações era a região Norte, na qual, em média, os domicílios atendidos possuíam 3,26 cômodos.

Em síntese, considerando-se o número médio de moradores por cômodo, em 2009, a média nacional era de 0,99, sobressaindo a região Norte com a maior densidade (1,32 morador por cômodo) e aproximando-se as demais da média do país.

Já em relação ao tipo de construção do domicílio, verifica-se que grande parte das famílias atendidas no país (69,0% em 2006, 65,0%

em 2009 e 73,9% em 2013) morava em domicílios de tijolo/alvenaria. Entretanto, essa tendência não era seguida em todas as regiões do país, já que as regiões Norte e Sul destacavam-se pela grande incidência de domicílios de madeira, cujas proporções eram de 57,2% e 46,7%, respectivamente, em 2009 e de 42,3% e 41,3%, na mesma ordem, em 2013. Na região Norte, figuravam como exceções apenas os Estados de Tocantins e de Roraima que, seguindo a tendência do conjunto do país, se caracterizavam pelo predomínio de construções de alvenaria entre os domicílios beneficiários do programa (68,3% e 53,3%, respectivamente, em 2009).

Cumpre ressaltar que, no Nordeste, apesar de 74,3% em 2009 das famílias atendidas residirem em domicílios de alvenaria, percentual este que se elevou ligeiramente para 77,1% em 2013, ocorria a maior incidência de construções precárias, feitas de adobe ou taipa, destacando-se os Estados do Maranhão e do Piauí, exatamente os mais pobres do país, em que, respectivamente, 51,6% e 47,8% das famílias inseridas no BF habitavam este tipo de construção, segundo os dados de 2009.

No que diz respeito ao tipo de iluminação, a quantidade de domicílios brasileiros beneficiários do programa que possuía abastecimento de energia elétrica com relógio próprio era alta, chegando a representar 75,7% em 2006, 83,6% em 2009 e 76,8% em 2013. Ainda assim, no ano de 2009, 6,3% dos domicílios ainda contavam com iluminação elétrica sem relógio e 10,1% não possuíam iluminação, elevando-se este percentual para 7,2% em 2013.

A região Norte apresentava-se em maior desvantagem em relação às demais, pois, em 2009, apenas 66,8% das famílias tinham acesso à iluminação com relógio próprio, caindo este índice para 63,1% em 2013, em que pese ter experimentado melhoria neste indicador em relação ao ano de 2006, quando este percentual era ainda de 59,5%. Ademais, esta região, além de se situar bem abaixo da média nacional, sobressai com o maior percentual de domicílios atendidos sem iluminação (21,9% em 2009). Por outro lado, o Sul e o Sudeste apresentavam, em 2009, as maiores proporções de domicílios dotados de iluminação

Gráfico 5
Distribuição das famílias beneficiárias
por tipo de iluminação dos domicílios

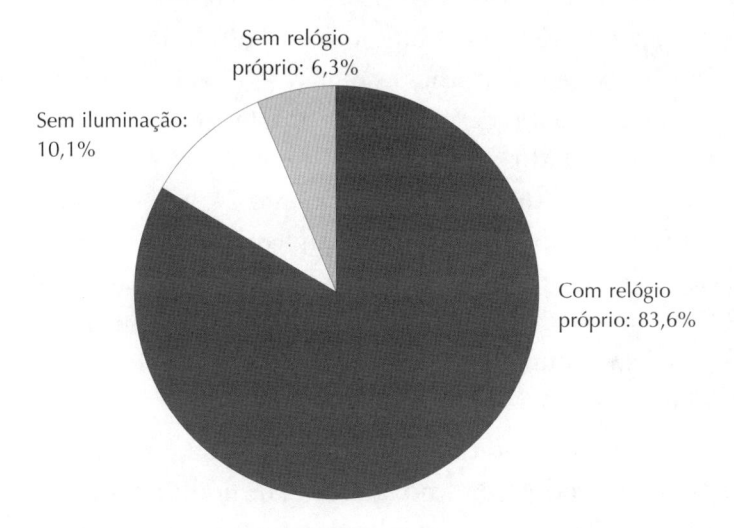

Sem relógio próprio: 6,3%
Sem iluminação: 10,1%
Com relógio próprio: 83,6%

Fonte: Brasil, 2010.

com relógio próprio (91,2% e 91,1%, respectivamente). Curiosamente, a região Nordeste, embora caracterizada como uma das mais pobres do país, nesse mesmo ano, aproximava-se da média nacional no tocante a este indicador, com 82,4% dos domicílios beneficiários do programa dotados de iluminação com relógio próprio. Ademais, mesmo mantendo-se praticamente nesse patamar em 2013, com 82,2%, superou neste último ano tanto a média nacional (76,8%) quanto os percentuais identificados para as regiões Sul e Sudeste, que surpreendentemente caíram para 76,1% e 72,0%, respectivamente.

Quanto ao tipo de abastecimento de água, 64% das famílias atendidas em todo o país no ano de 2006 tinham acesso à rede pública, elevando-se este índice para 65,7% em 2009, sendo que, neste mesmo ano, 82,9% das famílias tinham acesso a este serviço quando considerado apenas o meio urbano. No ano de 2013, a situação se mantinha praticamente inalterada em relação a 2009, visto que 65,6% das famílias eram abastecidas pela rede geral de distribuição. Verifica-se que a região Norte, seguida da região Nordeste, mais uma vez se destacava por apresentar a pior situação, já que menos da metade das famílias beneficiárias nessa região (45,0% em 2009 e 45,4% em 2013) tinha acesso à rede pública de abastecimento de água. Especificamente nos Estados de Rondônia, Acre e Pará o quadro era ainda mais alarmante, já que, em 2009, somente 24,2%, 36,5% e 39,9% dos domicílios, respectivamente, contavam com este serviço de utilidade pública. Em contrapartida, as regiões Sudeste (78,7% em 2009 e 78,3% em 2013), Sul (76,5% em 2009 e 75,6% em 2013) e Centro-Oeste (71,5% em 2009 e 72,9% em 2013) superavam a média nacional em relação a este indicador.

No tocante ao tipo de tratamento da água, as alternativas mais expressivas em todo o país no ano de 2009 eram a filtração e a cloração (38,2% e 35,5%, respectivamente), enquanto em apenas 2,9% dos domicílios utilizava-se o método da fervura. Nesse aspecto, cabe destacar o percentual ainda elevado de domicílios que não utilizavam qualquer tipo de tratamento de água, correspondente a 21,6%, embora se tenha verificado uma ligeira melhoria neste indicador em relação ao ano de 2006, quando a proporção de famílias que utilizavam água sem qualquer tipo de tratamento era de 23,8%. As regiões em melhor situação em 2009 eram o Centro-Oeste e o Sudeste, com respectivamente 13,0% e 15,0% dos domicílios sem qualquer tipo de tratamento de água. Em contraposição, chama a atenção o quadro mais desvantajoso do Sul, onde 36,0% dos domicílios beneficiários do BF em 2009 não possuíam água tratada, estando em penúltima posição a região Norte com 26,8% dos domicílios nesta condição.

Em relação à questão do destino dado ao lixo, no ano de 2006, em 65,4% dos domicílios atendidos pelo programa no Brasil, o lixo era coletado pela rede pública, elevando-se este índice para 68,8% em 2009 e alcançando 90,6% das famílias se considerada apenas a área urbana neste mesmo ano. No ano de 2013, registrou-se uma ligeira redução deste indicador em relação a 2009, já que 66,9% dos domicílios tinham o lixo coletado direta ou indiretamente. Em todas as regiões do país este índice era superior a 50%, destacando-se as regiões Sudeste, Centro-Oeste e Sul, que chegaram a apresentar em torno de 80,0% dos domicílios com acesso à rede pública de coleta de lixo nos anos de 2009 e 2013. As regiões Norte e Nordeste situavam-se abaixo da média nacional, já que apenas 54,6% e 58,4% dos domicílios, respectivamente, tinham acesso a este serviço em 2013. Chama a atenção a situação dos Estados do Maranhão e do Piauí que apresentavam em 2009 os menores percentuais de domicílios com o lixo coletado pela rede pública (39,6% e 43,7%, respectivamente).

Mas é do ponto de vista do escoamento sanitário que se pode evidenciar a situação mais precária das famílias atendidas pelo programa no país. De fato, em 2009, apenas 54,2% dos domicílios tinham acesso à rede pública de esgoto ou fossa séptica (alternativa também considerada adequada), sendo este índice superior (67,8%) quando considerado apenas o meio urbano. Em 2013, a situação identificada era ainda pior, visto que o percentual de domicílios atendidos com acesso a um escoamento sanitário adequado caiu para 50,6%.

Nesse aspecto, os dados revelam que novamente a região Norte se encontrava em pior situação, pois apresentava somente 34,2% dos domicílios com acesso à rede pública de esgoto ou fossa séptica, em 2009, tendo este percentual caído para 28,7% em 2013. Era nos Estados do Acre e do Pará que se encontravam os menores índices da região e do país (27,7% e 29,4%, respectivamente, em 2009). O panorama do Nordeste também não se mostrava muito diferente, pois este percentual era de apenas 46,3% em 2009 e de 42,4% em 2013. O Maranhão sobressaía como o Estado em pior situação, onde apenas 29,5% dos domicílios tinham acesso a escoamento sanitário adequado em 2009.

Em suma, se considerado o acesso satisfatório simultâneo a abastecimento de água, coleta de lixo e escoamento sanitário, situação que revela condições sanitárias consideradas adequadas para os domicílios em estudo, verifica-se que se enquadravam neste perfil no ano de 2009 apenas 41,8% das famílias atendidas pelo programa no

Brasil, sendo este índice de 54,4% para os domicílios situados apenas no meio urbano. Este indicador retrata o perfil bastante desigual da pobreza no Brasil se comparadas as diferentes regiões do país. Com efeito, enquanto na região Sudeste 65,0% das famílias beneficiárias do BF viviam em condições sanitárias adequadas, na região Norte este percentual despencava para 17,7%, apresentando-se ainda bastante baixo na região Nordeste, onde atingia apenas 32,1% dos domicílios. O Centro-Oeste se aproximava da média nacional (41,1%) e o Sul superava esta média, com 53,2% dos domicílios em condições sanitárias adequadas.

Por outro lado, se considerado o acesso simultâneo a abastecimento de água pela rede pública, coleta de lixo, escoamento sanitário adequado e energia elétrica, situação que revela condições ideais de infraestrutura domiciliar e, portanto, de menor grau de vulnerabilidade, o estudo de Camargo et al. (2013) identificou que apenas 38,1% das famílias do Programa se enquadravam nesta situação. E, mesmo na área urbana, onde tais serviços são mais presentes, apenas 48,9% das famílias beneficiárias desfrutavam do acesso simultâneo a esses serviços. Mais uma vez as regiões Norte e Nordeste sobressaíam com os piores percentuais de cobertura, correspondentes a apenas 14,9% e 29,2%, respectivamente.

Cumpre, pois, ressaltar que a precariedade e falta de acesso à infraestrutura urbana básica marca a trajetória de vida das famílias, crianças e adolescentes atendidos pelo BF. Entretanto, não há referência qualquer na sua ação programática a ações intersetorias para a melhoria desta situação.

Características dos beneficiários

Em março de 2013, havia 49.637.552 pessoas beneficiárias do Programa Bolsa Família. Os dados do CadÚnico relativos aos anos de 2006, 2009 e 2013 revelaram que, entre os beneficiários do BF em todo o país, tem predominado pessoas do sexo feminino, cujos

Gráfico 6
Distribuição dos beneficiários, segundo o sexo

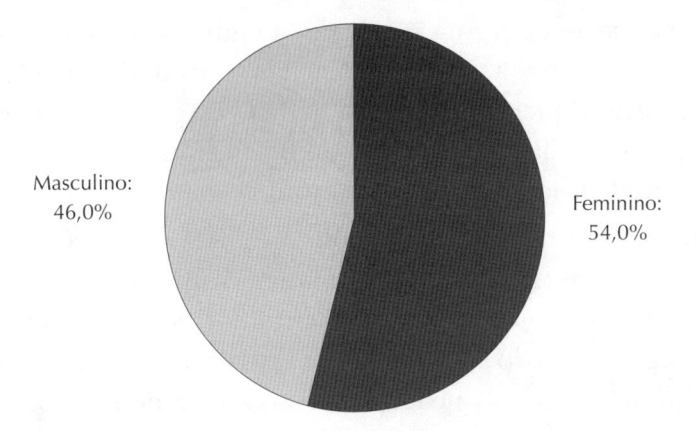

Masculino: 46,0%
Feminino: 54,0%

Fonte: Brasil, 2010.

Gráfico 7
Distribuição da população pertencente ao primeiro quinto mais pobre do país em 2008, segundo o sexo

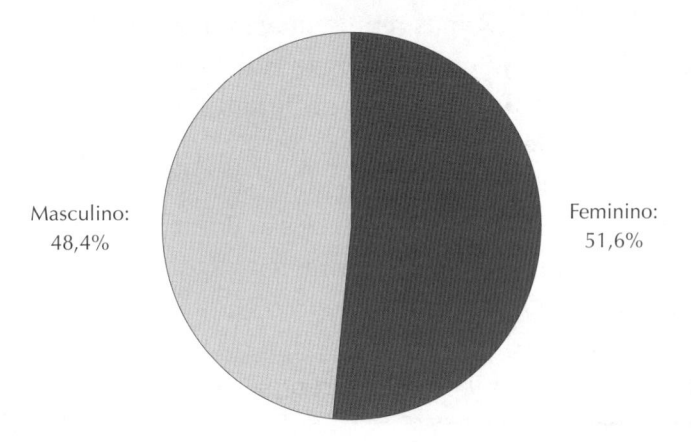

Masculino: 48,4%
Feminino: 51,6%

Fonte: IBGE, 2009.

percentuais foram nos anos considerados de 53%, 54% e 55,5%, respectivamente, tendência esta observada em todas as regiões. Conforme apontou o estudo de 2009, a prevalência do sexo feminino, embora se manifeste de forma mais aguda entre as pessoas atendidas pelo programa, guarda correspondência com os dados da PNAD de 2008, segundo os quais 51,6% das 46 milhões de pessoas que residiam nos 20% de domicílios mais pobres do Brasil eram mulheres (Instituto Brasileiro de Geografia e Estatística, 2009).

Também em conformidade com a PNAD, as regiões Norte e Nordeste destacavam-se por apresentarem distribuições mais equilibradas entre homens e mulheres beneficiários do BF, apesar do predomínio de pessoas do sexo feminino. Em contrapartida, no Sudeste e no Centro-Oeste a prevalência de pessoas atendidas do sexo feminino era bem mais marcante (55,3% e 54,7%, respectivamente, em 2009) (Instituto Brasileiro de Geografia e Estatística, 2009).

Importa ainda ressaltar que as maiores concentrações de pessoas do sexo masculino se encontravam no meio rural, onde para alguns Estados da Federação o percentual de homens chegava a superar o de mulheres, tanto pelos dados do Cadastro Único como pelos dados da PNAD de 2008 relativos ao quinto mais pobre da população.

No que diz respeito à faixa etária, grande parte das pessoas atendidas no país em 2009 possuía menos de 20 anos (54,6%). As crianças e adolescentes de até 17 anos representavam mais da metade do público atendido (50,6%), tendo este percentual experimentado uma ligeira queda no ano de 2013, quando foram identificados 48,8% de beneficiários nessa faixa etária. Isso se justifica pelos próprios critérios de elegibilidade do BF, segundo os quais são priorizadas as famílias com filhos nesta faixa etária, aos quais são destinados os dois benefícios variáveis do programa. Conforme ressaltado no estudo de 2009, a participação dos jovens na distribuição etária das pessoas situadas no quinto mais pobre da população, segundo a PNAD de 2008, também era bastante elevada, embora os percentuais dos grupos situados nas faixas de menos de 20 anos (52,4%) e de até 17 anos (48,8%) fossem ligeiramente menores do que os observados no Cadastro Único.

Em contraposição, em 2009, as pessoas com 50 anos ou mais tinham menor participação entre os beneficiários do programa (6,8%) do que no quinto mais pobre da população segundo a PNAD de 2008 (8,5%). Tal tendência se explica pelo fato de estarem nesta faixa etária os pais cujos filhos são, em geral, adultos e, portanto, não se enquadram no público prioritário do programa.

Já na faixa etária entre 20 e 49 anos o percentual entre os beneficiários do BF em 2009 se aproximava bastante daquele identificado pela PNAD de 2008, considerando o quinto mais pobre da população, situando-se ambos em torno de 40,0%.

No corte regional, apesar de estas tendências se reproduzirem em todas as regiões do país, merece destaque o fato de que a maior concentração de jovens entre as pessoas atendidas, tanto em 2009 quanto em 2013, encontrava-se no Norte, enquanto o maior percentual de idosos era observado no Nordeste.

Levando-se em conta a distribuição dos beneficiários do programa por cor/raça, a população negra, incluindo os que se classificaram como negros ou pardos, representava 64,6% do total de beneficiários em 2006, 71,7% em 2009 e 73,7% em 2013, aproximando-se estes percentuais do identificado pela PNAD de 2008, segundo a qual 68,4% das pessoas situadas no quinto mais pobre da população eram negras. Ademais, comparando-se os três anos considerados, pode-se constatar um avanço do programa no seu esforço de focalização nas populações mais vulneráveis, na medida em que a variável cor/raça se constitui ainda em um importante condicionante da situação socioeconômica que caracteriza a população pobre no Brasil, sobretudo nas regiões Norte e Nordeste.

De fato, as regiões Norte e Nordeste sobressaem com as maiores concentrações de beneficiários negros (87,9% e 82,9%, respectivamente, em 2009; 88,4% e 83,5%, respectivamente, em 2013), enquanto a região Sul, onde a situação de vulnerabilidade das famílias pobres não está associada a questões étnicas, o percentual de beneficiários brancos era de 76,7% em 2009 (Instituto Brasileiro de Geografia e Estatística, 2009) e 73,4% em 2013.

Já os indígenas não chegavam a representar 1,0% dos beneficiários em 2009, com exceção da região Norte, em que este percentual se elevava para 2,3%, com destaque especial para o Estado de Roraima, que tinha 11,3% de indígenas entre as pessoas atendidas pelo Bolsa Família. Isso se justifica pela grande concentração de terras e reservas indígenas neste Estado e na região como um todo. No estudo de Camargo et al. (2013), além da região Norte, cujo percentual de beneficiários indígenas, em 2013, era de 2,5%, sobressaía também o Centro-Oeste, com 2,7% de indígenas inseridos no Bolsa Família.

Quanto à taxa de frequência à escola, os dados do CadÚnico revelaram que, em 2009, segundo a declaração dos responsáveis pelas unidades familiares, 8,1% das crianças de 0 a 3 anos beneficiárias do BF no Brasil e 60,1% das situadas na faixa de 4 a 6 anos frequentavam creche ou pré-escola. Chama a atenção o fato de que a região Nordeste superava a média nacional nas duas faixas etárias, com os percentuais de 9,1% e 67,1%, respectivamente.

Já em relação às faixas de 7 a 14 anos e de 15 a 17 anos, as médias nacionais elevavam-se para 94,0% e 90,8%, respectivamente, situando-se em torno destas médias os índices de todas as regiões do país. Cumpre ainda ressaltar que era na escola pública que estavam matriculados 97,5% do total de beneficiários do programa no Brasil, independentemente da faixa etária.

No que se refere à defasagem escolar, em 2009, 33,9% dos beneficiários de 7 a 14 anos em todo o Brasil e 55,1% dos situados na faixa de 15 a 17 anos apresentavam uma defasagem de mais de dois anos de estudo, cabendo destacar que as maiores defasagens atingiam as crianças e adolescentes das regiões Norte e Nordeste.

Considerando-se a escolaridade do conjunto dos beneficiários do BF no Brasil, em 2009, 3,0% eram analfabetos, índice que era superado nas regiões Centro-Oeste (3,8%), Norte (3,6%) e Nordeste (3,5%). Cumpre ainda ressaltar que mais da metade das pessoas atendidas no país (53,4%) possuía apenas o Ensino Fundamental incompleto e que o melhor perfil de escolaridade era o dos beneficiários da região

Sudeste, contraposto ao pior, encontrado entre as pessoas atendidas na região Norte.

Enfim, o nível de escolaridade dos beneficiários do Bolsa Família agrava-se significativamente quando considerado o público maior de 25 anos atendido no conjunto do Brasil. De fato, neste universo, 16,7% em 2009 e 15,5% em 2013 eram analfabetos. Ademais, 65,4% em 2009 e 53,5%, em 2013 não tinham concluído o Ensino Fundamental. Portanto, mais de dois terços dos beneficiários do Bolsa Família não possuem sequer o ensino fundamental completo. No corte regional, o Nordeste era a região com maior índice de analfabetismo entre as pessoas atendidas pelo programa, chegando a alcançar o alarmante percentual de 21,6% em 2009 e de 20,3% em 2013.

Características dos responsáveis legais

Entre os responsáveis legais pelas famílias atendidas pelo BF no Brasil, tanto em 2006 quanto em 2009, cerca de 92,0% eram mulheres, elevando-se este percentual para 93,1% em 2013, em conformidade com a proposta do programa, segundo a qual o grupo familiar deve ser representado preferencialmente pela mãe. Observa-se que essa tendência também era seguida em todas as regiões do país, como era de se esperar.

Quanto à variável cor/raça, em 2009, 67,6% dos responsáveis pelas unidades familiares eram pretos ou pardos, o que se aproximava bastante do percentual de 68,1% das mulheres cônjuges ou chefes de família dos 20% de domicílios mais pobres do Brasil que apresentavam tal perfil, conforme identificado pela PNAD de 2008 (Instituto Brasileiro de Geografia e Estatística, 2009).

A grande exceção se encontrava na região Sul, onde 75% dos responsáveis legais se declaravam de cor branca, o que demonstra que a maior vulnerabilidade das famílias pobres nesta região não está relacionada às variáveis raça/cor, mas sim a outras, tais como

Gráfico 8
Distribuição dos responsáveis pelas unidades familiares
das famílias beneficiárias, segundo o sexo

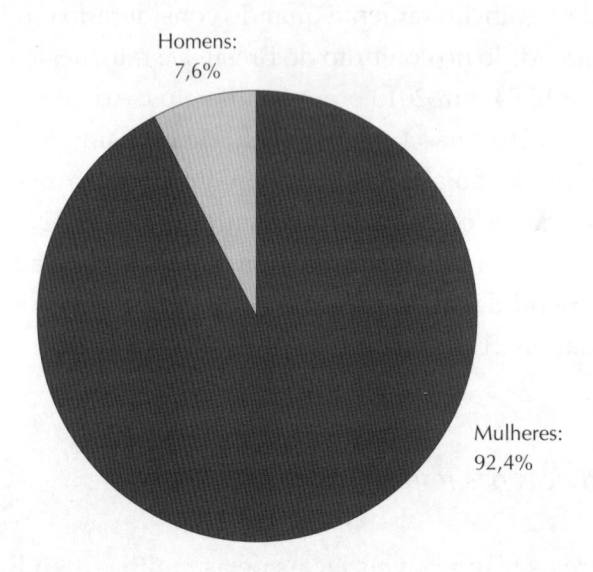

Homens: 7,6%

Mulheres: 92,4%

Fonte: Brasil, 2010.

escolaridade, inserção no mercado de trabalho, acesso a serviços de utilidade pública etc. Já no Norte e no Nordeste o perfil étnico da pobreza é bem demarcado. De fato, os pardos ou negros têm uma predominância entre os responsáveis legais pelas famílias beneficiárias do BF que supera a sua representação nas populações destas regiões, sendo, portanto, tal variável um importante condicionante da situação de pobreza vivenciada por essas famílias nas referidas regiões.

No que diz respeito à faixa etária dos responsáveis pelas famílias, verifica-se que, em 2009, 76% tinham até 44 anos, considerando-se o conjunto do país. Tal percentual é condizente com o identificado pela PNAD de 2008, segundo a qual as mulheres cônjuges ou chefes dos 20% de famílias mais pobres do Brasil situadas nesta faixa etária representavam 72,1% do total. Em relação a essa variável, sobressai mais uma vez a situação precária das famílias atendidas nas regiões Norte e Nordeste, as quais apresentavam os maiores percentuais de responsáveis legais situados na faixa entre 16 e 24 anos de idade (Instituto Brasileiro de Geografia e Estatística, 2009).

Ainda no tocante à idade dos responsáveis familiares, o estudo de Camargo et al. (2013) considera o perfil etário destes por tipos de composições familiares, identificando que a menor idade média incide nas famílias monoparentais femininas. Nestas, a idade média das responsáveis era de 35,1 anos, sendo possível haver mulheres em situação de imensa vulnerabilidade, pois, além de não poderem contar com outros adultos para a manutenção e o cuidado da família, enfrentam duas distorções do mercado de trabalho: as barreiras já impostas à inserção dos jovens em geral e as desvantagens de rendimento frente aos homens com o mesmo nível de instrução. Já nas famílias de casais com filhos, o responsável tinha em média 36,6 anos, aproximando-se da média geral de idade, que era de 37,8 anos em 2013.

No que se refere ao grau de instrução, os dados do CadÚnico de 2009 também não se distanciam dos apontados pela PNAD de 2008. Com efeito, no ano de 2009, 78,3% dos responsáveis pelas famílias beneficiárias possuíam no máximo o Ensino Fundamental completo, em conformidade com a proporção de 81,5% das mulheres cônjuges ou chefes dos 20% dos domicílios mais pobres do Brasil que tinham este grau de escolaridade, conforme a PNAD de 2008. O percentual dos responsáveis sem instrução apontado pelo CadÚnico era menor do que o identificado pela PNAD (12,5% e 18,8%, respectivamente), situação que se invertia no nível de escolaridade correspondente ao Ensino Fundamental Incompleto (62,5% e 53,1%, respectivamente). Cumpre ainda ressaltar que o maior percentual de analfabetos se encontrava na região Nordeste, tanto em 2006 quanto em 2009, embora este percentual tenha diminuído de 21,8% para 17%. No ano de 2013, conforme verificado por Camargo et al. (2013), o percentual de responsáveis familiares que declarou ter o ensino fundamental incompleto caiu em relação a 2009 de 62,5% para 52,1%. Enquanto os que se declararam sem instrução se mantiveram praticamente na mesma proporção, representando 12,1%. Ademais, em 2013 reproduzia-se mais uma vez a desvantagem do Nordeste, que apresentava o maior percentual de responsáveis familiares sem instrução, equivalente a 16,0%.

Outro indicador que merece destaque é que em 2009 apenas 5,1% dos responsáveis legais pelas famílias atendidas em todo o Brasil declararam frequentar a escola, aproximando-se, portanto, das 6,1% das mulheres cônjuges ou chefes das famílias mais pobres do país enquadradas nesta condição, de acordo com a PNAD de 2008. Evidentemente, este percentual é maior quanto menor a faixa etária dos responsáveis legais. De fato, para a faixa de 16 a 17 anos o índice de frequência à escola atinge 23,4% dos responsáveis pelas famílias beneficiárias no Brasil, baixando para 10,3% na faixa de 18 a 24 anos e para 4,4% entre os maiores de 25 anos, o que demonstra a dificuldade deste grupo de retornar à escola. Chama a atenção a situação da região Sul, que sobressai com a menor taxa de frequência à escola (2,7%, em média), o que consiste em mais uma especificidade da pobreza nesta região do país (Instituto Brasileiro de Geografia e Estatística, 2009).

Quanto à inserção no mercado de trabalho dos responsáveis legais pelas famílias, o último estudo realizado pelo MDS, com base nos microdados do CadÚnico de setembro de 2009, não aprofunda nesta questão, já que não apresenta dados detalhados e atualizados que permitam quantificar este fenômeno. Tal estudo apenas afirma que a maioria dos responsáveis legais pelas famílias beneficiárias do programa não trabalha, e quando trabalha se concentra em atividades agrícolas, sobretudo quando se trata de mulheres residentes na região Nordeste. Destaca ainda a grande dificuldade que estas enfrentam de se inserir no mercado de trabalho, dado o seu baixo nível de instrução e de qualificação. Efetivamente, o estudo realizado pelo MDS em 2006 confirma estas tendências ao revelar que mais da metade dos responsáveis legais (51,4% em todo o país) não trabalhava, o que indica que a transferência monetária do BF representava a principal, ou até mesmo a única fonte de renda para essas famílias. Logo em seguida apareciam os trabalhadores rurais, os quais representavam 15,3% do total. Além disso, 8,6% dos responsáveis legais eram trabalhadores autônomos sem vínculo com a Previdência Social e 4,9% eram assalariados sem carteira de trabalho e, portanto, não possuíam nenhuma garantia de proteção. Por outro lado, o estudo de Camargo et al. (2013) não faz referência à inserção dos responsáveis familiares no mercado de trabalho.

Em síntese, o estudo de 2009 conclui que os responsáveis legais pelas famílias beneficiárias do BF no Brasil são predominantemente mulheres pardas ou negras, relativamente jovens, situadas na faixa entre 25 e 44 anos, com baixo nível de instrução, além de não frequentarem a escola e não trabalharem. Quando trabalham, concentram-se em atividades agrícolas e enfrentam grandes dificuldades de se inserir no mercado de trabalho formal.

Conclusão

Considerando as reflexões acima desenvolvidas, cabe destacar, à guisa de conclusão, os aspectos a seguir.

No que se refere à importância e significado da unificação dos programas de transferência de renda mediada pelo BF, verificamos que esse processo só alcançou, efetivamente, quatro programas de transferência de renda federais (Bolsa Escola, Cartão Alimentação, Bolsa Alimentação e Vale Gás), conseguindo integrar mais um programa federal (PETI) e articular alguns programas instituídos por iniciativa de Estados e municípios. Todavia, permaneceu a classificação das famílias em extremamente pobres e em pobres, tendo como referência a renda *per capita* familiar. Além de fragmentar a pobreza, os valores de referência permanecem muito baixos para permitir a inclusão de contingentes significativos de famílias que vivenciam situação de pobreza. Ademais, a renda como única variável adotada é insuficiente para dimensionar a complexidade, o caráter estrutural e multidimensional da pobreza.

Consideramos ainda que o processo de unificação dos programas de transferência de renda mediado pelo BF não superou a diversificação dos valores monetários atribuídos às famílias beneficiárias, definidos pela renda *per capita* familiar e pelo número de crianças e adolescentes na família. Além de variados, os valores dos benefícios continuam extremamente baixos para permitir alterações significativas na condição de vida das famílias.

Outro aspecto relevante não superado pela unificação dos programas de transferência de renda mediada pelo BF é que ainda se verifica articulação insatisfatória entre a transferência monetária às famílias e a participação de seus membros em programas estruturantes, principalmente no campo do trabalho, limitando a proposta de inclusão social das famílias.

Entendemos ainda que, além da deficiência de articulação do BF com programas estruturantes, verifica-se que muito precisa ser feito em relação à melhoria na qualidade do ensino e no atendimento à saúde, aspectos fundamentais que configuram a dimensão estruturante do BF.

Reafirmamos que, mesmo considerando esses significativos limites, o esforço de unificação de programas sociais, em si, representa, sem dúvida, um avanço para a política social brasileira, marcada historicamente por grande diversidade de programas fragmentados, desarticulados, insuficientes e descontínuos.

No que diz respeito à caracterização e dimensão do BF, ressaltamos o caráter intersetorial do programa, a abrangência geográfica e quantitativa das famílias atendidas, o foco na família e o incremento do orçamento destinado ao programa que alcançou R$ 2.112.734.614,00 em março de 2014, o que permite considerar que esse é o maior programa social já desenvolvido no âmbito da proteção social no Brasil, o que não significa a superação da pobreza no país, mas um esforço significativo de administração e de controle de modo a contribuir para que a pobreza mantida num determinando patamar não avance. Entendemos ser esse o limite que o capitalismo impõe à política social, permitindo que, contraditoriamente, atenda a algumas necessidades reais das populações, mas que esse atendimento permaneça em um patamar que não secundarize a produção, a produtividade e o lucro.

O perfil das famílias atendidas pelo BF, objeto de discussão deste trabalho, permite concluir, em primeiro lugar, que este programa tem logrado êxito no seu esforço de focalização nas famílias efetivamente mais pobres do Brasil, o que se depreende a partir da comparação dos dados do CadÚnico com os fornecidos pela PNAD de 2008, complementados com outros indicadores que permitem caracterizar a pobreza no Brasil. Além disso, comparando-se os dados do CadÚnico relativos aos anos de 2006 e 2009, verifica-se que, à medida que o programa se expande, ele tem avançado no acerto do seu foco. Isto pode ser comprovado, por exemplo, pelo aumento da participação da região Nordeste e do meio urbano, onde seguramente se concentra um grande contingente da população pobre do Brasil e onde a pobreza se expressa de forma mais severa, bem como pelo aumento do percentual de negros incorporados ao programa (Instituto Brasileiro de Geografia e Estatística, 2009).

Os dados analisados demonstram que a pobreza no Brasil tem um perfil bastante heterogêneo, refletindo as profundas desigualdades regionais que constituem uma marca brasileira. Com efeito, em relação à grande maioria dos indicadores, as famílias atendidas pelo BF nas regiões Norte e Nordeste são as que vivem em condições mais precárias se comparadas àquelas residentes no Centro-Sul. Além disso, se a pobreza em todo o país, predominantemente, tem cor negra ou parda, sobretudo no Norte e no Nordeste, em contraposição, na região Sul, ela tem cor branca. Ainda para ilustrar estes contrastes, é no Sul que se encontra a menor taxa de frequência à escola entre os responsáveis legais pelas famílias. Aliás, os baixos indicadores de escolaridade são uma especificidade da pobreza nesta região, em que pese se situar entre as mais desenvolvidas do país em relação a outros indicadores. Por outro lado, as condições sanitárias em que vivem as famílias do Norte e do Nordeste contrastam com aquelas vivenciadas pelas famílias atendidas no restante do país, sendo a absoluta precariedade de tais condições uma marca da pobreza nessas regiões.

Por último, comparando-se os perfis das famílias atendidas nos anos de 2006 e de 2009, verifica-se uma ligeira melhoria nas condições de vida dessas famílias, sobretudo no que tange ao acesso aos serviços de utilidade pública, assim como uma elevação do grau de escolaridade dos responsáveis legais. Não obstante, o alto grau de vulnerabilidade das famílias atendidas pelo BF no Brasil ainda salta aos olhos quando se verifica que, em 2009, apenas 41,8% dos domicílios beneficiários em todo o país viviam em condições sanitárias consideradas adequadas, com acesso simultâneo a abastecimento de água por rede pública, escoamento sanitário por rede pública ou fossa séptica e coleta de lixo. Além disso, a grande maioria dos responsáveis legais era do sexo feminino, de cor negra ou parda, situando-se na faixa etária entre 25 e 44 anos, com baixa escolaridade e grande dificuldade de inserção no mercado de trabalho formal.

Cabe finalizar indagando acerca da potencialidade do BF no sentido de alterar significativamente o quadro de vulnerabilidade em que vivem as famílias mais pobres do país. Sem a pretensão de responder a esta indagação, que, aliás, foge ao escopo deste trabalho, é oportuno lembrar Castel quando alerta para os limites das chamadas *políticas de inserção*, dentre as quais se enquadram os programas de transferência de renda, para reintegrar populações que são *inintegráveis*. Segundo o autor, considerando tais limites, essas políticas vêm perdendo gradativamente o seu pretenso caráter transitório para se tornarem permanentes. Neste sentido, a inserção deixa de representar uma etapa provisória, transformando-se em um *estado* ou uma nova *modalidade de existência social*, situada em uma camada intermediária entre a completa exclusão e a integração (Castel, 1998, p. 521). Levando-se em conta as especificidades do BF e o perfil das famílias atendidas, este parece ser o lugar reservado a estas famílias na sociedade brasileira.

Referências

BRASIL. *Relatório de governo de transição sobre os programas sociais.* Brasília, 2002. (Mimeo.)

_____. Ministério de Desenvolvimento Social e Combate à Fome. Secretaria Nacional de Renda de Cidadania. Departamento do Cadastro Único. *Perfil das famílias beneficiadas pelo Programa Bolsa Família* — 2006. Brasília, 2006.

_____. *Perfil das famílias beneficiadas pelo Programa Bolsa Família* — 2009. Brasília, 2010.

CAMARGO, Camila Fracaro et al. Perfil socioeconômico dos beneficiários do Programa Bolsa Família: o que o Cadastro Único revela? In: CAMPELLO, Tereza; NERI, Marcelo Córtes (Orgs.). *O Programa Bolsa Família:* uma década de inclusão social. Brasília: IPEA, 2013. p. 157-78.

CASTEL, Bobert. *As metamorfoses da questão social:* uma crônica do salário. Petrópoles: Vozes, 1998.

FONSECA, Ana. *Discurso da secretária-executiva do Programa Bolsa Família.* Brasília, 2003. Divulgado pela Presidência da República/Secretaria de Imprensa e Divulgação.

INSTITUTO BRASILEIRO DE GEOGRAFIA E ESTATÍSTICA. *Pesquisa Nacional por Amostra de Domicílios:* síntese de indicadores 2008. Rio de Janeiro, 2009.

INSTITUTO DE PESQUISA ECONÔMICA APLICADA. Programa das Nações Unidas para o Desenvolvimento. *Atlas de Desenvolvimento Humano no Brasil.* Brasília: Software 1.0: ESM consultoria, 2003.

POCHMANN, Márcio; AMORIM, Ricardo (Orgs.). *Atlas da exclusão social no Brasil.* 3. ed. São Paulo: Cortez, 2004.

SILVA, Maria Ozanira da Silva e. Avaliação de políticas e programas sociais: aspectos conceituais e metodológicos. In: _____ (Org.). *Avaliação de políticas e programas sociais:* teoria e prática. 2. ed. São Paulo: Veras Editora, 2004. p. 37-96.

_____. *Caracterização e problematização dos Programas de Transferência de Renda Condicionada (PTRC) na América Latina e Caribe.* São Luís, 2013. (Mimeo.) Texto preliminar produto do Projeto: Programas de Transferência de Renda

Condicionada na América Latina: estudo comparado — Bolsa Família (Brasil), Nuevo Régimen de Asignaciones Familiares — AFAM-P.E. (Uruguay) y Asignación Universal por Hijo para la Protección Social (Argentina).

_____; GUILHON, Maria Virgínia Moreira; LIMA, Valéria Ferreira Santos de Almada. A focalização fragmentadora e a insuficiência do Comunidade Solidária no enfrentamento da pobreza: estudo de um caso no Nordeste. In: _____ (Coord.). *O Comunidade Solidária*: o não enfrentamento da pobreza no Brasil. São Paulo: Cortez, 2001.

_____ et al. O Bolsa Família nos estados do Maranhão e do Piauí: caracterização dos Estados e municípios selecionados e situação do programa. In: _____ (Coord.). *O Bolsa Família no enfrentamento à pobreza no Maranhão e no Piauí*. 2. ed. São Paulo: Cortez, 2013.

3

Focalização e impactos do Bolsa Família na população pobre e extremamente pobre

Maria Ozanira da Silva e Silva

3.1 A focalização dos programas de transferência de renda nas famílias pobres e extremamente pobres: questão central no debate e na implementação do Bolsa Família

Nestas reflexões, focalização é entendida como o "[...] direcionamento de recursos e programas para determinados grupos populacionais, considerados vulneráveis no conjunto da sociedade" (Silva, 2001, p. 13).

As políticas neoliberais, ao considerarem o déficit público como a principal causa dos problemas econômicos, colocaram a necessidade de busca do equilíbrio fiscal mediante a contenção de gastos públicos. Nessa perspectiva, terminaram pressionando para a adoção de políticas sociais focalizadas, cuja orientação era direcionada para o desenvolvimento de medidas meramente compensatórias para fazer face aos efeitos do ajuste estrutural sobre as populações mais atingidas. Isso significou a interrupção da luta pela universalização de direitos sociais. A universalização de políticas sociais é entendida como um processo de extensão de bens e serviços considerados essenciais, principalmente nos campos da educação e da saúde, ao conjunto da população de uma localidade, cidade, Estado ou país. No sentido neoliberal, a universalização contrapõe-se à focalização que direciona bens e serviços a determinados segmentos da sociedade, previamente definidos, com maior destaque para a população pobre e extremamente pobre, o que significa, sobretudo, a desestruturação de grandes políticas universais.

Partindo dessa realidade, verifica-se que o debate sobre políticas sociais no Brasil tem sido polarizado pela escolha entre dois estilos de política, a focalizada e a universal. Todavia, há que se considerar que este não é um debate consensual.

Para Kerstenetzky (2005) o debate sobre focalização e universalização requer que sejam aclarados os princípios de justiça que orientam a escolha da política a ser implementada. Nesse aspecto, considera errônea a interpretação do estabelecimento de uma relação automática da universalização com a garantia de direitos sociais e da focalização com noções residualistas de justiça. A autora considera necessário que seja claramente definido o tipo de justiça que orienta a implementação da política, se justiça de mercado, reparatória ou distributiva, podendo a universalização ser alternativa ou até complementar à focalização.

As concepções que se orientam por *justiça de mercado* atribuem ao mercado a função de distribuição das vantagens econômicas mediante a alocação de recursos conforme o mérito ou a responsabilidade individual, cabendo essa função especificamente ao jogo do mercado *livre*. Já a justiça reparatória e a distributiva têm como sujeito alocador de recursos o Estado.

Foi muito tempo questionado no contexto das políticas sociais no Brasil a dificuldade que os programas sociais sempre tiveram para alcançar satisfatoriamente os segmentos predefinidos, além das dificuldades políticas para alocação de recursos para determinadas áreas e populações, via de regra, com menor poder de pressão política, mesmo que consideradas prioritárias. Acresce-se a essa dificuldade a possibilidade de redução da qualidade dos serviços ofertados a esse público.

Kerstenetzky (2005), partindo de perspectivas de justiça, aponta o que denomina de *justiça de mercado*, cujo sujeito distribuidor da justiça é o próprio mercado e *justiça social* que implica em redistribuição de oportunidades de realização para alcance de equidade, mediante ações do Estado. A autora considera:

a) **Focalização como residualismo**: nesse sentido as políticas sociais seriam residuais, incidindo sobre os segmentos que se encontram à margem dos processos econômicos integradores e a verdadeira *política social* seria a política econômica que, ao proceder às reformas necessárias, ao longo prazo incluiria a todos. Nesse sentido, a pobreza *imerecida* seria resultante não de escolhas irresponsáveis, mas do acaso imprevisto, merecendo a intervenção pública, o que equivaleria a um seguro contra o infortúnio. Ao mercado caberia promover a alocação ótima dos recursos econômicos. Assim considerada, a política social é mera coadjuvante do mercado, sem vinculação com os direitos sociais;

b) **Focalização como condicionalidade**: defende a busca do foco correto para que um determinado problema, previamente especificado, seja solucionado e o benefício se estenda a todos dentro de um determinado território, sendo a eficiência do gasto público fundamental para permitir a existência de recursos que possam ser gastos em outras áreas carentes. Portanto, a melhor forma de encontrar o foco é *universalizar*, ou seja, a focalização nesse sentido demanda uma universalização relativa a um dado segmento (Kerstenetzky, 2005);

c) **Focalização como ação reparatória**: coloca-se como necessária para restituir a determinados grupos sociais o acesso efetivo a direitos universais, acesso que teria sido perdido em razão de injustiças passadas. Nesse sentido, a focalização seria um requisito da universalização de direitos, podendo ser pensada em termos de políticas redistributivas compensatórias, como a alocação de bolsas para determinados segmentos ou como políticas redistributivas estruturais, cujos exemplos citados pela autora são a reforma agrária e a reforma tributária.

O segundo e o terceiro tipo de focalização, por conseguinte (como condicionalidade e como redistribuição), consideram a focalização e a universalização estilos de política social que podem se combinar e que, portanto, não são excludentes.

Numa perspectiva de contraposição à focalização das políticas sociais, Pereira (2003) refere-se à antinomia entre os princípios e objetivos universais e seletivos que fundamentam os processos decisórios das políticas públicas por considerar estreita relação entre políticas públicas e direitos sociais, enquanto conquistas dos movimentos sociais democráticos desenvolvidos no século XX.

A autora defende a não discriminação do acesso dos cidadãos a bens e serviços públicos como fundamento para se contrapor à focalização. Critérios desiguais de elegibilidade humilham, envergonham e estigmatizam. Ademais, a autora entende que a focalização não considera a ideia de prevenção e de universalidade inerente ao conceito dos direitos sociais.

Embora a seletividade admita a concentração das preocupações dos governos nas necessidades sociais e não na rentabilidade econômica, esta foi transformada em focalização e difundida pelo Banco Mundial (BM) como forma mais eficiente de alocação de recursos escassos. Nesse sentido, a autora considera a focalização como princípio antagônico à universalização, orientando-se pela concepção de pobreza absoluta e não relativa, com restrição do papel do Estado na proteção social. Orienta-se pela solidariedade dos ricos para ajudar os mais pobres e pela ênfase na família e no mercado, que passam a ser considerados os principais agentes de provisão social, considerando a desigualdade social como natural. Ademais, Pereira (2003) aponta vícios antigos e anacrônicos presentes na focalização, como: os vexatórios testes de meios, para comprovação da pobreza, fraude e exigência de condicionalidades ou contrapartidas, além do estigma e da culpabilização do indivíduo por sua situação. Esses procedimentos, entende a autora, concebem a política social como resíduo e não como investimento, funcionando mais como *armadilha da pobreza* por não tirar os pobres da situação de privação.

Como mencionado anteriormente, a focalização é entendida, no presente estudo, como o "[...] direcionamento de recursos e programas para determinados grupos populacionais, considerados vulneráveis no conjunto da sociedade" (Silva, 2001, p. 13). Isso por compreender que numa sociedade capitalista a expropriação e a exploração, inerentes a esse sistema de produção, criam, inevitavelmente, situações de desigualdade em diferentes níveis, demandando a ação do Estado para reparação e garantia de níveis civilizatórios de convivência e de condições de vida a uma dada população.

Essa concepção contrapõe-se ao entendimento de focalização que orientou as reformas dos programas sociais na América Latina, nos anos de 1980 e 1990, pautadas no ideário neoliberal. Ou seja, contrapõe-se à redução da focalização ao residualismo, orientado pela justiça de mercado, que direciona as políticas sociais tão somente para os segmentos que se encontram à margem dos processos econômicos integradores, subordinando-as à política econômica, desvinculando--as dos direitos sociais e tornando-as discriminatórias, estigmatizantes e geradoras de desvios. O entendimento é de que os que foram historicamente marginalizados da igualdade de oportunidades tenham o direito a recursos e a serviços que os recoloquem num patamar de dignidade, ou seja, a referência é a justiça social. Por outro lado, a garantia de políticas sociais universais, como educação e saúde, deve ser direito fundamental de todos.

A concepção adotada, por conseguinte, é a de que temos uma *perspectiva progressista/redistributiva* da focalização que denomino de *discriminação positiva*. Essa perspectiva, concentrada nas necessidades sociais e não na rentabilidade econômica, requer complementaridade entre a política social e a política econômica, com a centralidade na responsabilidade social do Estado; demanda ampla cobertura; boa qualidade dos serviços; estruturas institucionais adequadas; pessoal qualificado e cobertura integral das populações-alvo dos programas. Nessa concepção, a focalização não se opõe à universalização. Podemos falar de universalização relativa na medida em que toda a população--alvo que demanda atenção especial deve ser incluída (Silva, 2001).

Estudos sobre os programas de transferência de renda no Brasil têm destacado seu poder de focalização no público-alvo (Soares et al., 2006; Soares et al., 2007; Soares, Ribas e Osório, 2007; Instituto Brasileiro de Geografia e Estatística, 2004 e 2006).

Soares, Ribas e Osório (2007), tratando do desempenho na seleção de beneficiários do BF, apontam que 92% da população não elegível não recebia benefícios do programa. Esse é considerado pelos autores um resultado surpreendente, sobretudo se considerado o tamanho do programa, pois os autores consideram ser muito difícil expandir a cobertura sem piorar o desempenho na seleção de beneficiários.

Dados levantados sobre o acesso à transferência de renda de programas sociais e publicados em cadernos específicos elaborados pelo IBGE, no contexto da PNAD (2004 e 2006), permitem o estabelecimento de comparações entre domicílios particulares que tinham beneficiários de transferência monetária de algum programa social do governo e aqueles sem beneficiários. Assim, vários indicadores levantados por esses estudos permitem inferir que os programas de transferência de renda apresentam indícios de boa focalização nas famílias pobres e extremamente pobres no Brasil. Entre esses programas, ressaltamos o BF por ser massivo, pela quantidade de famílias atendidas e pela sua cobertura geográfica, atingindo todos os 5.565 municípios brasileiros e o Distrito Federal.

Nesse sentido, temos a seguinte realidade que aponta para o poder de focalização dos programas de transferência de renda no Brasil.[1]

---

1. As informações utilizadas neste item são provenientes de dois cadernos especiais das PNADs de 2004 e 2006 que levantaram informações específicas sobre os programas de trans-

Em 2006, o total estimado de domicílios particulares no Brasil era de 54,7 milhões. Em cerca de 10 milhões houve recebimento de dinheiro de programa social do governo, o que correspondeu a 18,3% dos domicílios. Em 2004, 15,6% dos domicílios particulares recebiam transferência monetária do governo, sendo a região Nordeste aquela com maior incidência de domicílios beneficiários (32,0%, em 2004 e 35,9%, em 2006). A região Sudeste registrou o mais baixo nível de incidência do percentual dos domicílios particulares que tinham uma ou mais pessoas recebendo transferência monetária do governo, com 7,9%, em 2004, e 10,3%, em 2006.

O BF, em particular, apresentou um percentual dos domicílios que recebiam transferência monetária do governo de 14,9% do total dos domicílios particulares do país, em 2006, sendo também a região Nordeste a que apresentou maior incidência, com 31,3% dos domicílios particulares da região. A região Sul foi a que registrou menor incidência de atendimento, com 8,0% dos domicílios particulares.

O principal foco dos programas de transferência de renda são os grupos familiares com rendimentos mais baixos, sendo, em 2006, o rendimento médio mensal domiciliar *per capita* estimado para o total dos domicílios particulares de R$ 601,00; dos que receberam transferência monetária de programas sociais do governo, o rendimento médio mensal domiciliar *per capita* foi de R$ 172,00, ou seja, aproximadamente três vezes menor, enquanto o rendimento médio mensal domiciliar *per capita* dos que não receberam transferência monetária de programas sociais do governo foi de R$ 699,00. Este comportamento foi registrado em todas as regiões do Brasil, com destaque à região Nordeste, com R$ 361,00 de rendimento médio mensal domiciliar *per capita* para o total dos domicílios particulares, sendo este valor de R$ 463,00, para os que não receberam transferência monetária de programas sociais do governo e de R$ 145,00 para os que receberam. A região Nordeste é a mais pobre do país e onde também se concentra o maior contingente de famílias incluído nos programas de transferência de renda.

---

ferência de renda no Brasil. Todavia, pode-se verificar que os dados permanecem representativos para caracterizar esses programas em 2009.

Em 2004, também foram beneficiados, em proporção similar a 2006, com transferência monetária de programas sociais do governo, os domicílios com menor rendimento, pois, enquanto a média dos rendimentos reais domiciliares era de R$ 524,00, a dos domicílios que receberam alguma transferência monetária de programas sociais do governo era de R$ 144,00 e a dos que não receberam era de R$ 598,00.

Verificou-se de 2004 a 2006 um crescimento do rendimento médio *per capita* dos domicílios na seguinte proporção: de 14,7% para os domicílios em geral; de 19,4% para os domicílios que receberam transferência monetária de programas sociais do governo e de 16,9% para os que não a receberam, o que evidencia a contribuição dos programas de transferência de renda para o maior incremento das rendas dos domicílios particulares mais pobres.

Procedendo à comparação, em 2004 e 2006, dos perfis socioeconômicos das populações residentes em domicílios particulares, onde ocorreu ou não recebimento de transferência monetária de programas sociais do governo, tem-se a seguinte realidade:

Tabela 2
Aspectos importantes para assegurar saúde, conforto, lazer e comunicação nos domicílios particulares onde se registrou ou não transferência monetária de programas sociais do governo — 2004 e 2006

Aspectos importantes	2004		2006	
	Houve transferência (%)	Não houve transferência (%)	Houve transferência (%)	Não houve transferência (%)
Abastecimento de água	69,0	84,7	71,3	85,9
Esgotamento sanitário adequado	42,4	73,9	46,3	76,0
Coleta de lixo	66,0	88,3	70,8	90,2
Iluminação elétrica	92,9	97,6	94,7	98,4
Telefone	34,2	71,2	50,9	79,8

Fonte: IBGE, 2006 e 2007.

Pelos dados da Tabela 2, verificou-se, de 2004 para 2006, melhoria em todos os aspectos considerados importantes para assegurar saúde, conforto, lazer e comunicação: abastecimento de água, saneamento básico adequado, coleta de lixo, iluminação pública e telefone, registrando-se, porém, nos dois anos considerados, percentuais inferiores das condições dos domicílios particulares onde existia pessoa ou família recebendo transferência monetária do governo.

A posse dos bens duráveis é outro aspecto que apresenta relação com os rendimentos e com o acesso à alimentação saudável, ao lazer, ao conforto, à informação e à comunicação das famílias.

A Tabela 3 informa que, também em relação à existência de bens duráveis nos domicílios particulares onde se registrou ou não transferência monetária de programas sociais do governo, verificou-se entre 2004 e 2006 melhoria nos dois grupos de famílias, todavia registrando-se situação de significativa desvantagem dos que recebiam transferência monetária de programas sociais do governo em relação aos que não recebiam, considerando todos os itens pesquisados: existência de geladeira, freezer, máquina de lavar roupa, rádio, televisão e microcomputador.

Tabela 3
Existência de bens duráveis nos domicílios particulares onde se registrou ou não transferência monetária de programas sociais do governo — 2004 e 2006

Bens duráveis disponíveis	2004		2006	
	Houve transferência (%)	Não houve transferência (%)	Houve transferência (%)	Não houve transferência (%)
Geladeira	72,1	90,3	76,6	92,0
Freezer	6,1	19,3	6,3	18,7
Máquina de lavar roupa	7,6	39,6	10,2	43,6
Rádio	81,7	89,0	81,6	89,3
Televisão	82,5	91,8	87,9	94,2
Microcomputador	1,4	19,2	3,1	26,4

Fonte: IBGE, 2006 e 2007.

Outro aspecto a considerar na focalização dos programas de transferência de renda é o número de moradores nos domicílios, indicados na Tabela 4:

Tabela 4
Número médio de moradores em domicílios particulares permanentes, segundo o recebimento ou não de transferência monetária do governo — 2004 e 2006

Transferência de renda	Número médio de moradores	
	2004	2006
Brasil	3,5	3,4
Domicílios onde houve transferência	4,8	4,6
Domicílios onde não houve transferência	3,3	3,2

Fonte: IBGE, 2006 e 2007.

Os dados da Tabela 4 revelam que nos domicílios onde não se registrou transferência monetária de programas sociais do governo o número médio de moradores é ligeiramente inferior ao número médio de moradores de domicílios no Brasil, tanto em 2004 (3,3 contra 3,5) como em 2006 (3,2 contra 3,4). Enquanto isso, nos domicílios particulares onde ocorreu transferência monetária de programas sociais do governo, o número médio de habitantes, tanto em 2004 como em 2006, foi superior em mais de um habitante tanto em relação ao Brasil em 2004 (4,8 contra 3,5) e em 2006 (4,6 contra 3,4) como em relação aos domicílios que não receberam transferência monetária do governo também em 2004 (4,8 contra 3,3), registrando-se ocorrência similar em 2006 (4,6 contra 3,2).

Se consideradas as regiões mais pobres do Brasil, tem-se a seguinte realidade em termos do número médio de moradores em domicílios particulares permanentes:

Tabela 5
Número médio de moradores em domicílios particulares permanentes, segundo o recebimento ou não de transferência monetária do governo, Norte e Nordeste — 2004 e 2006

Especificação	Número de moradores (Região Norte)		Número de moradores (Região Nordeste)	
	2004	2006	2004	2006
Total de domicílios	4,0	4,0	3,9	3,7
Domicílios onde houve transferência	5,5	5,1	4,9	4,7
Domicílios onde não houve transferência	3,7	3,6	3,3	3,2

Fonte: IBGE, 2006 e 2007.

Em relação às duas regiões mais pobres do Brasil, Norte e Nordeste, a situação se reproduz, verificando-se número médio de moradores significativamente superior nos domicílios onde ocorreu transferência de renda de programas sociais do governo, quando considerado em relação ao total de domicílios do país e aos domicílios onde não houve transferência, tanto em 2004 como em 2006. Esses dados reafirmam a condição de desvantagem das famílias que receberam transferência de renda proveniente de programas sociais do governo.

Além dos rendimentos, a composição etária da população residente nos domicílios particulares é relevante como critério de elegibilidade do BF e de outros programas de transferência de renda. Isto porque, além do critério da renda *per capita* familiar, o BF é direcionado, principalmente, para famílias com crianças e adolescentes de 0 a 17 anos de idade e o BPC destina-se a pessoas a partir de 65 anos de idade.

Tabela 6
Distribuição da população em grupos de idade, segundo o recebimento ou não de transferência monetária de programas sociais do governo — 2004 e 2006

Faixa etária	2004		2006	
	Houve transferência (%)	Não houve transferência (%)	Houve transferência (%)	Não houve transferência (%)
0 a 17 anos	48,0	28,7	46,1	26,8
18 a 39 anos	31,1	37,6	32,1	37,5
40 a 59 anos	15,9	22,7	16,4	24,0
60 ou mais anos	5,0	11,1	5,5	11,7

Fonte: IBGE, 2006 e 2007.

A Tabela 6 acima indica que, em 2004 e em 2006, verificou-se que os domicílios que receberam transferência monetária de programas do governo foram aqueles que possuíam maior percentual de pessoas na faixa etária de 0 a 17 anos de idade, com 48,0% e 46,1%, respectivamente, em contraposição aos domicílios que não receberam transferência monetária, nos quais estes percentuais eram de 28,7% e 26,8%, respectivamente. Esses dados revelam maior focalização de transferência monetária do governo em domicílios com maior concentração da população de 0 a 17 anos de idade, que representa o público-alvo do BF.

A frequência à escola ou creche de crianças e jovens de 0 a 17 anos de idade é outro indicador da capacidade de focalização dos programas de transferência de renda, conforme demonstra a Tabela 7.

Tabela 7
Taxa de frequência à escola ou creche das pessoas de 0 a 17 anos de idade — 2006

Faixa etária	Taxa de frequência à escola ou creche		
	Brasil (%)	Houve transferência (%)	Não houve transferência (%)
0 a 3 anos	15,5	12,8	16,6
4 a 6 anos	76,0	73,1	77,7
7 a 14 anos	97,6	97,2	97,9
15 a 17 anos	82,2	79,2	83,6

Fonte: IBGE, 2007.

O país, em 2006, já estava se aproximando de alcançar a universalização da frequência à escola na faixa etária de 7 a 14 anos, de modo que o percentual geral no Brasil como um todo era de 97,6%, sendo que este percentual nas famílias que receberam transferência monetária de programas sociais do governo era de 97,2% e nas que não receberam correspondia a 97,9%, percentuais muito aproximados e ligeiramente superiores a 97%. Todavia, em relação à faixa etária de 15 a 17 anos, verificou-se, em 2006, um percentual de frequência à escola daqueles adolescentes de famílias que recebiam transferência monetária de programas do governo de 79,2%, inferior ao das famílias que não recebiam este benefício, 83,6%, o que evidencia o abandono da escola por parte de adolescentes de famílias mais pobres por necessidade de participarem da composição da renda familiar. No caso do BF, foi instituído, em 2008, um benefício complementar de R$ 30,00 mensais para famílias com adolescentes nessa faixa etária que permanecessem na escola, até dois adolescentes por família, procurando corrigir essa situação.

Outro indicador relevante no debate sobre focalização dos programas de transferência de renda no seu público-alvo é o número de anos de estudo das pessoas inseridas ou não nesses programas, como indica a Tabela 8.

Tabela 8
Distribuição das pessoas de 10 anos de idade ou mais, por recebimento ou não de transferência monetária de programas sociais do governo, segundo os grupos de anos de estudo — 2006

Grupos de anos de estudo	2004		2006	
	Houve transferência (%)	Não houve transferência (%)	Houve transferência (%)	Não houve transferência (%)
Sem instrução e menos de 1 ano	17,8	9,7	16,4	8,3
1 a 3 anos	23,9	12,0	21,9	11,0
4 a 7 anos	39,2	29,4	30,1	28,3
8 a 10 anos	12,1	17,6	13,7	17,3
11 a 14 anos	6,4	24,2	8,4	27,1
15 ou mais anos	0,3	6,8	0,3	7,8

Fonte: IBGE, 2007.

Quanto à escolaridade em termos de anos de estudo, foram identificadas diferenças marcantes, segundo o recebimento ou não da transferência monetária de programas sociais do governo, de modo que, em 2004, entre as pessoas que viviam em famílias que recebiam transferência monetária do governo, 17,8% eram sem instrução e com menos de um ano de escolaridade, enquanto este percentual entre os que viviam em famílias que não recebiam transferência monetária de programas sociais do governo foi de 9,7%, ou seja, quase a metade. A mesma tendência foi registrada em 2006, com 16,4% e 8,3%, respectivamente, de pessoas sem instrução ou com menos de um ano de estudo que viviam em famílias com recebimento de transferência monetária e em famílias sem essa transferência. Essa situação vai se invertendo à medida que se elevam os anos de escolaridade, de modo que, para uma escolaridade acima de 11 anos de estudo, em 2004, o percentual foi de 6,7% entre pessoas de famílias beneficiárias de transferência monetária de programas sociais do governo e de 31,0% entre pessoas de famílias que não recebiam esse benefício; em 2006, os percentuais correspondentes foram, respectivamente, 8,7% e 34,9%. Esses dados demonstram grande desvantagem em relação aos anos de estudo de pessoas que vivem em famílias que recebem transferência monetária de governo em relação às que vivem em famílias não contempladas com essa transferência.

Seguindo-se o levantamento de indicadores da focalização de programas de transferência de renda, tem-se a taxa de analfabetismo.

Tabela 9

Taxa de analfabetismo das pessoas de 10 anos de idade ou mais, segundo o recebimento ou não de transferência monetária de programas sociais do governo — 2004 e 2006

Aspectos importantes	Taxa de analfabetismo das pessoas de 10 anos e mais	
	2004 (%)	2006 (%)
Brasil	10,5	9,6
Houve transferência	18,2	17,1
Não houve transferência	8,6	7,3

Fonte: IBGE, 2006 e 2007.

De 2004 a 2006 as taxas de analfabetismo das pessoas de 10 anos de idade ou mais que receberam transferência monetária de programas sociais do governo passaram de 18,2% para 17,1%, enquanto das que não receberam passaram de 8,6% para 7,3%, sendo a taxa geral do país de 10,5% em 2004 e de 9,6% em 2006. Os dados evidenciam diminuição deste índice nas três situações, permanecendo, porém, um percentual muito superior de pessoas de 10 anos ou mais analfabetas, entre os beneficiários de transferência monetária de programas sociais do governo.

Na sequência, a inserção das pessoas no mercado de trabalho, segundo a condição de recebimento ou não de transferência monetária de programa social do governo, é indicador importante para caracterização socioeconômica da população atendida e para desmistificação da ideologia vulgarizada de que os programas de transferência de renda desmotivam as pessoas para o trabalho.

Tabela 10
Nível de ocupação das pessoas de 10 anos de idade ou mais, segundo o recebimento ou não de transferência monetária de programas sociais do governo — 2004 e 2006

Especificação	Nível de ocupação das pessoas de 10 anos ou mais	
	2004 (%)	2006 (%)
Houve transferência	52,1	52,1
Não houve transferência	57,7	58,6

Fonte: IBGE, 2006 e 2007.

Em 2004 e 2006, o nível de ocupação das pessoas de 10 anos de idade ou mais dos domicílios onde houve transferência monetária de programas sociais do governo manteve-se estável em 52,1%, enquanto o das pessoas de domicílios que não receberam essa transferência foi, respectivamente em 2004 e em 2006, de 57,7% e de 58,6%, registrando-se ligeira elevação em 2006. Esses dados evidenciam que, embora as pessoas de domicílios que não recebem transferência monetária de programas sociais do governo tendam a ter maior inserção no mercado de trabalho, grande parte das pessoas de domicílios que recebem transferência monetária de programas sociais do governo encontra-se trabalhando, desmistificando o preconceito de que essas pessoas tendem a deixar de trabalhar quando inseridas nesses programas.

Considerando-se o trabalho infantil na faixa etária de 5 a 17 anos, tem-se a Tabela 11.

Tabela 11
Nível de ocupação das pessoas de 5 a 17 anos de idade, segundo o recebimento ou não de transferência monetária de programas sociais do governo — 2006

Faixa etária	Nível de ocupação das pessoas de 5 a 17 anos		
	Brasil (%)	Houve transferência (%)	Não houve transferência (%)
5 a 17 anos	11,5	14,4	9,6
5 a 13 anos	4,5	7,2	2,8
14 a 17 anos	26,9	32,7	23,8

Fonte: IBGE, 2007.

Dados anteriores do IBGE (PNADs) demonstraram que, na evolução do trabalho infantil no Brasil, na faixa etária de 5 a 17 anos, verificou-se um índice de 18,7%, em 1995, chegando a 11,5% em 2006 e a 10,6% em 2007, o que representa um significativo decréscimo. Mesmo considerando esta diminuição, cumpre destacar que, em 2006, entre os mais jovens (pessoas de 5 a 17 anos) foi identificado um nível de ocupação maior nos domicílios particulares onde houve recebimento de transferência monetária de programas sociais do governo (14,4%) contra 9,6% identificados entre os que não receberam essa modalidade de transferência monetária. Ao desdobrarmos essa faixa etária, identificamos a mesma tendência de registro de trabalho infantil na faixa etária de 5 a 13 anos, sendo de 7,2% e 2,8%, respectivamente, nos domicílios onde houve transferência e onde essa transferência não foi registrada; na faixa etária de 14 a 17 anos, quando a legislação brasileira só permite o trabalho de aprendizes, foram registrados os percentuais de 32,7% e 23,8%, respectivamente nos domicílios onde houve transferência monetária às famílias e onde essa transferência não foi registrada. A maior incidência de trabalho infantil nos domicílios que recebiam transferência monetária de programas sociais do governo pode revelar duas situações: são essas as famílias que necessitam mais do trabalho infantil para complementar sua renda e, mesmo recebendo transferência monetária de programas sociais do governo, parte dessas famílias mantém crianças e adolescentes no trabalho infantil, embora seja condicionalidade do BF e de outros programas de transferência de renda a manutenção da criança e adolescente na escola com sua consequente retirada do trabalho infantil.

O setor econômico de inserção das pessoas beneficiadas por programas de transferência de renda é também aspecto revelador da focalização na pobreza (Tabela 12).

A maior proporção de trabalhadores na atividade agrícola, tanto em 2004 como em 2006, foi identificada nos domicílios particulares que receberam transferência monetária de programas sociais do governo. Por outro lado, os segmentos de comércio, reparação e serviços foram mais destacados nos domicílios particulares que não receberam a modalidade de transferência monetária.

Em coerência com os dados da Tabela 12, verificou-se que, em 2006, o percentual de empregados no trabalho principal com carteira assinada no grupo de unidades domiciliares onde não houve recebimento de transferência monetária de programas sociais do governo

Tabela 12
Distribuição das pessoas de 10 anos de idade ou mais, segundo os segmentos de atividade do trabalho principal dos moradores de domicílios particulares que receberam ou não transferência monetária de programas sociais do governo — 2004 e 2006

Atividade principal	Distribuição das pessoas de 10 anos ou mais de idade ocupadas no segmento de referência (%)					
	Brasil		Houve transferência		Não houve transferência	
	2004	2006	2004	2006	2004	2006
Agrícola	21,0	19,7	42,1	39,6	16,8	15,0
Indústria	15,4	15,6	10,4	11,1	16,5	16,6
Construção	9,3	9,3	11,6	11,9	8,8	8,6
Comércio e reparação	16,9	16,9	11,1	11,9	18,1	18,1
Serviços	37,1	38,3	24,4	25,0	39,6	41,1

Fonte: IBGE, 2006 e 2007.

foi de 58,8%, contra 35,2% nas moradias onde havia beneficiários, registrando-se, porém, aumento de trabalho principal com carteira assinada de 2004 para 2006, para ambos os grupos. Esses dados revelaram que, mesmos os beneficiários de transferência monetária do governo que trabalhavam vivenciavam situação de desvantagem em relação ao trabalho com carteira assinada, o que os torna menos protegidos.

Entende-se que as informações sobre os moradores dos domicílios que receberam e os que não receberam transferência monetária de programas sociais do governo, consideradas na Tabela 12, podem ser complementadas com informações específicas relativas a pessoas de referência desses domicílios.

Tabela 13

Distribuição das pessoas de referência dos domicílios de 10 anos de idade ou mais, segundo o recebimento ou não de transferência monetária de programas sociais do governo — 2004 e 2006

Faixas etárias	Distribuição das pessoas de referência dos domicílios, de 10 anos de idade ou mais (%)					
	Brasil		Houve transferência		Não houve transferência	
	2004	2006	2004	2006	2004	2006
10 a 29 anos	13,4	13,1	11,2	12,5	13,9	13,3
30 a 49 anos	46,7	45,7	57,8	55,7	44,9	43,5
50 ou mais anos	39,8	41,1	31,1	31,9	41,5	43,2

Fonte: IBGE, 2006 e 2007.

Os dados da Tabela 13 revelam maior concentração de pessoas de referência dos domicílios onde se registrou transferência monetária de programas sociais do governo na faixa etária de 39 a 49 anos, em 2004 e 2006, respectivamente 57,8% e 55,7%, sendo também nessa mesma faixa etária onde mais se concentrou o total de pessoas de referência dos domicílios em geral e dos domicílios que também não receberam transferência monetária de programas sociais do governo.

Em relação à cor ou raça das pessoas de referência dos domicílios, as de cor preta ou parda, em 2006, correspondiam a 67,9% nos que recebiam transferência de programa social do governo e a 43,4% nos que não recebiam.

Em 2006, o nível de ocupação das pessoas de referência do total dos domicílios particulares no Brasil era de 74,4%. Já onde houve recebimento de transferência monetária de programas sociais do governo foi registrado um percentual de 77%, superior ao nível de ocupação das pessoas de referência nas moradias que não receberam a transferência (73,8%). Esses dados, mesmo revelando nível superior de ocupação entre as pessoas de referência dos domicílios beneficiários de transferência monetária de programas sociais do governo, o que não seria esperado, permitem, considerando os dados indicados a seguir, que se conclua que as ocupações das pessoas de referência dos domicílios beneficiários de transferências de programas sociais do governo, mesmo num percentual superior aos outros dois grupos considerados, devem ser ocupações mais instáveis e mais precárias.

O segmento agrícola foi o mais relevante na ocupação das pessoas de referência que receberam transferência monetária de programas sociais do governo, tanto em 2006 quanto em 2004, sendo que, em 2006, entre os que receberam algum benefício, 39,6% estavam ocupados neste ramo de atividade e, entre os que não receberam, o percentual era de 15%. O segmento de serviços foi o mais observado entre os que não receberam qualquer benefício.

A posição na ocupação das pessoas de referência apresentou também comportamento similar ao total das pessoas ocupadas com 10 anos de idade ou mais, já analisado anteriormente. Em 2006, entre os que recebiam transferência monetária, os trabalhadores por conta própria (38,3%), os domésticos (6,8%) e o agregado das categorias de não remunerados, trabalhadores na produção para o próprio consumo e na construção para o próprio uso (5,6%) sobressaíam em relação aos que não recebiam transferência, cujos percentuais eram, respectivamente, de 26,6%, 4,5% e 3,3%. Nos domicílios sem recebimento, foram mais frequentes as categorias de empregados (57,7%) e empregadores (7,9%), contra 47,1% e 2,2% entre os que receberam algum benefício. As pessoas de referência com carteira assinada nos domicílios com recebimento de transferência monetária representavam 44,3%, em 2004, e 47,2%, em 2006. Já nos domicílios que não receberam, esta última categoria correspondia a 61,6% em 2004 e a 62,4% em 2006.

Verificou-se, portanto, que os dados referentes às pessoas de referências das famílias que recebiam transferência monetária de programa social do governo, conforme as PNADs 2004 e 2006, que levantaram informações específicas sobre programas de transferência de renda reafirmam os dados referentes aos moradores em geral dos domicílios inseridos nesses programas.

As análises anteriormente efetuadas evidenciam um conjunto de indicadores, tais como: concentração de domicílios atendidos por transferência monetária de programa social do governo no Nordeste, a região mais pobre do país; menor rendimento domiciliar médio mensal; maior número de moradores por domicílios; condições significativamente inferiores em relação ao abastecimento de água, saneamento básico, coleta de lixo, existência de telefone e posse de bens duráveis; segmento de atividade principal concentrado em atividades agrícolas; maior incidência de trabalhadores sem carteira assinada; concentração de atendimento na faixa etária de 0 a 17 anos de idade; diferenças marcantes quanto aos anos de escolaridade e ao índice de analfabetismo; predominância de pretos e pardos entre as pessoas de referência dos domicílios que recebiam transferência monetária de programa social do governo, o que indica o potencial de boa focalização dos programas de transferência de renda nos domicílios que abrigavam, em 2004 e 2006, famílias pobres e extremamente pobres, tendência que, certamente, é mantida.

As informações acima são complementadas com o seguinte perfil dos(as) titulares do BF e de suas famílias: a maioria é constituída de mulheres (94%); 27% destas são mães solteiras; a maior parte das mulheres titulares têm de 14 a 49 anos de idade (85%); a maior parte dos(as) titulares são pretos(as) ou pardos(as); 78% das famílias inseridas no BF residem em áreas urbanas, sendo que a maior concentração de famílias rurais beneficiárias do BF está na região Nordeste (50%), reconhecidamente a mais pobre do país (Instituto Brasileiro de Análise Sociais e Econômicas, 2008).

Apesar de os dados anteriores indicarem o poder de boa focalização dos programas de transferência de renda no Brasil, outros dados da mesma fonte (PNADs 2004 e 2006) revelaram que existe ainda uma defasagem desses programas na focalização de famílias pobres e extremamente pobres que pode ser dimensionada pela existência de domicílios particulares com renda domiciliar *per capita* dentro dos critérios de inclusão não atendidos e, no outro extremo, domicílios particulares com renda domiciliar *per capita* superior aos critérios de elegibilidade que se encontravam inseridos nos programas, mesmo considerando a elevação da renda *per capita* dos domicílios com a inclusão dos valores monetários advindos da transferência monetária recebida, conforme demonstra a tabela 14.

Tabela 14

Distribuição dos domicílios particulares, segundo recebimento de transferência monetária de programa social do governo e as classes de rendimento mensal domiciliar *per capita* — 2004

Classes de rendimento mensal domiciliar *per capita*	Distribuição dos domicílios segundo o recebimento de transferência monetária de programa social do governo (%)	
	Houve transferência	Não houve transferência
Sem rendimento	—	1,3
Até 1/4 de salário-mínimo	24,9	4,4
Mais de 1/4 a 1/2 salário-mínimo	37,3	11,4
Mais de 1/2 a 1 salário-mínimo	28,7	25,9
Mais de 1 a 2 salários-mínimos	6,5	27,3
Mais de 2 salários-mínimos	1,1	27,2

Fonte: IBGE, 2006.

Os dados da PNAD 2004 revelaram que entre os domicílios que não receberam transferência monetária de programa social do governo, 1,3% situava-se na classe sem rendimento mensal domiciliar *per capita* e 4,4% com rendimento mensal domiciliar *per capita* de até 1/4 do salário-mínimo (R$ 65,00), tendo-se ainda 11,4% de domicílios com renda *per capita* familiar de mais de 1/4 a 1/2 salário-mínimo (máximo de R$ 130,00). Considerando que o valor do salário-mínimo a partir de maio de 2004 era de R$ 260,00, que o critério de renda para inclusão de famílias extremamente pobres e pobres no BF era de, respectivamente, R$ 50,00 e R$ 100,00 e no BPC era de menos de 1/4 do salário-mínimo (R$ 65,00), e que naquele ano já se registrava um total de 11.038.000 beneficiários dos programas de transferência de renda, entre estes 2.089.000 famílias atendidas pelo BF, tinha-se um contingente significativo de domicílios particulares que, mesmo abrigando famílias pobres ou extremamente pobres, não eram beneficiados com transferência monetária de programas sociais do governo. No outro extremo, a PNAD 2004 registrou que 7,6% de domicílios particulares com rendimento domiciliar *per capita* a partir de um salário-mínimo, portanto acima do critério para inclusão no BF e no BPC, recebiam transferência monetária de programa social do governo.

Tabela 15
Distribuição dos domicílios particulares, segundo recebimento de transferência monetária de programa social do governo e as classes de rendimento mensal domiciliar *per capita* — 2006

Classes de rendimento mensal domiciliar *per capita*	Distribuição dos domicílios segundo o recebimento de transferência monetária de programa social do governo (%)	
	Houve transferência	Não houve transferência
Sem rendimento	25,1	4,7
1/4 a menos de 1/2 salário-mínimo	35,5	10,3
1/2 a menos de 1 salário-mínimo	28,0	24,3
1 salário-mínimo a menos de 2 salários-mínimos	8,5	24,3
2 salários-mínimos ou mais	0,9	26,7

Fonte: IBGE, 2007.

Os dados da PNAD 2006 revelaram que 4,7% dos domicílios particulares que não receberam transferência monetária de programa social do governo situavam-se na faixa sem rendimento mensal domiciliar *per capita* e 10,3% com rendimento mensal domiciliar *per capita* de ¼ a menos de 1/2 salário-mínimo. Considerando que o valor do salário-mínimo a partir de abril de 2006 era de R$ 350,00 e o critério de renda para inclusão de famílias extremamente pobres e pobres no BF era de, respectivamente, R$ 60,00 e R$ 120,00 e no BPC era de menos de 1/4 do salário-mínimo (R$ 90,00) e que naquele ano já se registrava um total de 10.022.000 de domicílios particulares que recebiam transferência monetária de programa social do governo, entre estes, 8.126.000 recebiam o BF e 1.213.000 recebiam o BPC, tinha-se um contingente significativo de domicílios particulares que, mesmo abrigando famílias pobres ou extremamente pobres, não eram beneficiados com transferência monetária de programas sociais do governo. No outro extremo, a PNAD 2006 registrou que 9,4% de domicílios particulares com rendimento domiciliar *per capita* a partir de um salário-mínimo, portanto acima do critério para inclusão no BF e no BPC, estavam entre os que recebiam transferência monetária de programa social do governo.

Para considerarmos a situação mais recente sobre a focalização no BF,[2] evidenciam a seguinte realidade:

- **Famílias cadastradas com renda *per capita* mensal de até 1/2 salário mínimo em 05/2013: 23.308.940;**
- **Famílias cadastradas com renda *per capita* mensal de até R$ 140,00 em 05/2013: 18.618.493 (perfil BF);**
- **Famílias cadastradas com renda *per capita* mensal entre R$ 70,01 e R$ 140,00 em 05/2013: 5.336.162;**
- **Famílias cadastradas com renda *per capita* mensal de até R$ 70,00 em 05/2013: 13.282.331;**
- **Estimativa de famílias pobres — Perfil Bolsa Família (CENSO 2010): 13.738.415;**
- **Famílias atendidas pelo BF em 03/2014: 14.053.368.**

---

2. Disponível em: <www.mds.gov.br>. Acesso em: 25 mar. 2014.

Analisando os dados apresentados, considera-se que o Censo 2010 estimou 13.738.415 famílias pobres — Perfil Bolsa Família e 20.094.955 famílias de baixa renda — Perfil Cadastro Único e que o total de famílias atendidas pelo BF, em março de 2014, foi de 14.053.368 famílias. A mesma fonte informa que o percentual de atendimento do BF, em relação às famílias Perfil Bolsa Família, foi de 102,29%, verificando-se um poder de focalização do Programa superior ao público-alvo elegível. Todavia, se forem consideradas as famílias cadastradas com renda *per capita* mensal de até meio salário mínimo, Perfil Cadastro Único, a inclusão de famílias nessa faixa de renda só alcançou 69,93%. Isso significa que o corte de renda adotado pelo BF, de até R$ 140,00, é deveras muito baixo se considerado o corte de pobreza adotado pelo CadÚnico, de meio salário mínimo, o que representa R$ 382,00, em 2014.

Outro aspecto da realidade brasileira a ser considerado é a existência de grupos populacionais pobres inalcançáveis, como os ribeirinhos na Região Amazônica, num país com a extensão geográfica e a diversidade econômica e cultural do Brasil. Visualizando essa realidade é que o Plano Brasil Sem Miséria,[3] criado em 2011 pela presidenta Dilma Roussef, cuja proposta é erradicar a extrema pobreza no Brasil, instituiu, em 2012, a Ação Brasil Carinhoso. O benefício começou a ser pago em junho de 2012 para as famílias extremamente pobres do BF com filhos de até seis anos. Em dezembro de 2012, o benefício foi estendido para as famílias com filhos de 7 a 15 anos, cujo resultado foi a saída de 8,1 milhões crianças e adolescentes de até 15 anos da miséria, e com eles seus pais e irmãos, totalizando, segundo dados oficiais, 16,4 milhões de brasileiros. Atualmente todas as famílias do BF que não alcancem uma renda *per capita* familiar de até R$ 70,00 (corte de renda para a extrema pobreza), mesmo considerando as transferências do BF, recebem uma complementação de modo que

---

3. O Plano Brasil Sem Miséria tem como foco de atuação os 16,2 milhões de brasileiros com renda familiar *per capita* inferior a R$ 70,00 mensais, identificados no Censo 2010, portanto classificados como extremamente pobres, conforme critérios de inserção no BF. Compõe-se de três eixos programáticos: transferência de renda, cujo principal programa é o BF, prestação de serviços básicos e inclusão produtiva.

alcancem uma renda *per capita* familiar de R$ 70,00, significando no ideário do Programa a eliminação da miséria no país.

Para alcançar todas as famílias brasileiras que vivem em extrema pobreza, o BF vem se utilizando de uma estratégia denominada *busca ativa*, enviando profissionais a locais distantes e de difícil acesso, procurando alcançar às casas do público-alvo do programa. Essa é mais uma estratégia para maximização da focalização proposta pelo BF.

Não resta dúvida de que o BF conseguiu um nível histórico significativo de abrangência geográfica, chegando a todos os 5.565 municípios brasileiros e ao Distrito Federal, e vem incluindo seu público-alvo, demonstrando elevado poder de focalização. Todavia, devemos considerar os limites dos critérios de elegibilidade utilizados para inclusão das famílias que, além de considerarem apenas a renda para definir a situação de pobreza e de extrema pobreza das famílias, o teto da renda *per capita* familiar é muito baixo (R$ 140,00), bem aquém da linha de pobreza utilizada no Brasil pelo IPEA, órgão oficial do governo brasileiro, que é de meio salário mínimo para a pobreza e de um quarto de salário mínimo para a indigência. Outro aspecto a considerar é a não utilização de critérios para proceder a ajustamentos dos valores fixados para os benefícios de forma sistemática e periódica. Ademais, os valores dos benefícios são muito baixos e variados,[4] permitindo somente que as melhorias de vida das famílias beneficiárias sejam limitadas a suas condições de subsistência, permanecendo no limiar da pobreza.

3.2 Alcances e limites dos programas de transferência de renda: identificando possíveis impactos do Bolsa Família (BF)

No presente item, busco considerar possíveis impactos identificados pelo desenvolvimento de vários estudos avaliativos, procurando centrar em aspectos importantes que representam a proteção social

---

4. O valor médio, em fevereiro de 2014, era de R$ 150,60. Disponível em: <www.mds.gov.br>. Acesso em: 20 maio 2013.

das famílias pobres e extremamente pobres assumidas como o público-alvo do BF. São destacados os impactos do BF para a realidade socioeconômica dos municípios brasileiros; para a redução da desigualdade e da pobreza no Brasil; para a segurança alimentar e nutricional das famílias beneficiárias; os possíveis impactos na área do trabalho, da educação e da saúde da população beneficiária, bem como são apontados possíveis impactos sobre as mulheres, consideradas, preferencialmente, representantes da família junto ao BF.

3.2.1 O BF nos municípios brasileiros

Estudo sobre a importância do BF para os municípios brasileiros (Marques, 2005), sob o ponto de vista da população beneficiária, destacou ser este o mais importante programa na atualidade pela abrangência da cobertura geográfica e populacional, verificando-se a maior concentração de atendimento de famílias na região Nordeste, a mais pobre do país (69,1%). Consequentemente, o percentual da população total dos municípios nordestinos beneficiária do BF é bastante elevado, variando de 13% a 45%, enquanto o menor percentual de população atendida encontra-se na região Sul (1,4%), a mais rica do país. Essa situação evidencia a desigualdade existente no país, expressa pela diferença de renda das famílias entre as diferentes regiões. Estes dados são confirmados pelo MDS, que indica 50,7% de famílias atendidas no Nordeste considerando recursos liberados em maio de 2008, com menor percentual de famílias atendidas na região Sul (9,34%). Todavia, segundo o estudo referenciado, o BF ainda não havia atingido toda a população-alvo, com maior defasagem na região Norte, também uma das mais pobres.

Do ponto de vista dos recursos gastos nos municípios, o mesmo estudo admite que a importância do BF ficou também evidente quando comparados os recursos provenientes deste programa com outros transferidos dos respectivos Estados para os municípios, tais como: o Imposto de Circulação de Mercadorias (ICMS), o Fundo de Participação dos Municípios (FPM) e as transferências para desenvolvimento do Sistema Único de Saúde (SUS). Foi verificado que, de modo geral, quanto menor a receita disponível do município, maior é a importância relativa dos recursos transferidos pelo BF. Portanto, quanto menos desenvolvido for o município (baixa transferência de ICMS, FPM e SUS), maior é a importância relativa dos recursos do BF, sendo o programa responsável pela dinamização de boa parte das atividades econômicas realizadas nos municípios. Um exemplo é o município de Pedra Branca, no Estado do Ceará, onde os recursos do BF correspondiam, em 2005, a 43% da receita disponível, consideradas as receitas próprias mais as transferências constitucionais: FPM, ICMS, SUS.

Estudo posterior (Marques et al., 2006) complementou e reafirmou os dados sobre a importância dos recursos do BF para os municípios brasileiros em relação às transferências constitucionais, apontando que os repasses do BF aos municípios equivaliam, no período de janeiro a outubro de 2006, a 15% das transferências constitucionais federais efetuadas, sendo a importância maior para os menores municípios, como os pertencentes à região Nordeste, em que os recursos do programa correspondiam a 23,5% daquelas transferências constitucionais. Considerando o IDH-M, os municípios com IDH-M inferior à média nacional apresentaram relevância dos recursos do BF com relação às transferências constitucionais, relativamente ao registrado nos municípios com IDH-M superior à média nacional (19,1%, frente a 10,4%).

O mesmo estudo destacou que em outubro de 2006 o BF alcançava 11.009.000 de famílias, ao custo de R$ 680 milhões no mês; cobertura de 48.441.100 de pessoas, 25,9% da população estimada pelo IBGE em 2006, tendo o governo alcançado 98,2% da meta definida para 2006 (Marques et al., 2006). Destas famílias, 49,8% se encontravam na região Nordeste, onde, segundo o IBGE, habitavam 49,3% das famílias pobres do país; as regiões de menor atendimento eram a região Sul (9,6%) e a Centro-Oeste (5,4%).

Partindo destes dados, o estudo apresentou as seguintes conclusões:
- O BF está atingindo seu público-alvo de modo desigual, entre as regiões, os Estados e as capitais, devendo ser ampliado para alcançar a totalidade das famílias pobres;

- Em alguns Estados, o BF apresentou maior dificuldade para ser implantado nas capitais do que nos demais municípios;
- Em outubro de 2006, 35,3% das famílias atendidas residiam em municípios com IDH-M, em 2000, maior que a média nacional (0,757), enquanto 64,5% residiam em municípios mais *carentes*, sendo que estes agrupavam apenas 37,9% da população brasileira estimada para 2006, o que evidenciou relação estreita e inversa entre IDH-M e a prevalência da pobreza;
- Em relação ao porte populacional, os municípios de pequeno porte (até 20 mil habitantes, onde se concentram 17,4% da população total do país), abrigavam 28,7% das famílias beneficiárias; os municípios de médio porte (entre 20 a 100 mil habitantes, com 28,4% da população) abrigavam 37,6% das famílias beneficiárias;
- Quanto aos municípios rurais e urbanos, 74,1% das famílias beneficiárias residiam nos municípios urbanos e 25,3% nos rurais;
- Sobre o valor médio repassado para as famílias, em outubro de 2006, para o Brasil como um todo, era de R$ 61,77, para a região Norte, R$ 67,60; Nordeste, R$ 65,36; Sudeste, R$ 56,66; Sul, R$ 55,55 e Centro-Oeste, 54,93.

Considerando ainda os possíveis impactos do BF sobre os municípios brasileiros, a pesquisa Fundação de Apoio à Pesquisa e Extensão (FAPEX), realizada com a Escola de Nutrição da Universidade Federal da Bahia (UFBA) (2006),[5] evidencia que 81,8% dos entrevistados indicaram as seguintes mudanças no comércio varejista após a implantação do BF: aumento do número de clientes; maior variedade e quantidade de produtos comercializados; surgimento de nova clientela proveniente da zona rural e maior volume de vendas nas datas do pagamento do benefício. Esse quadro, segundo os entrevistados,

---

5. Essa pesquisa foi realizada mediante entrevistas com responsáveis de onze estabelecimentos comerciais de pequeno e médio porte, escolhidos aleatoriamente, dentre os localizados no núcleo comercial central da sede de um município baiano de pequeno porte e comerciantes de feira livre municipal.

demandou mudanças no funcionamento dos estabelecimentos comerciais para atender às novas demandas, como ampliação do número de funcionários, além da criação de mecanismo de crédito pessoal, tendo em vista o aumento do consumo e a fidelização dos novos consumidores. O estudo verificou ainda que os recursos do BF tendem a ficar no município, particularmente no pequeno comércio de alimentos, material escolar e vestuário infantil.

Sobre os impactos do BF nos municípios brasileiros, tem-se também o estudo de Jesus (2011), que, ao vivenciar diretamente a realidade de dois municípios do Rio Grande do Norte (Caicó e Cerro Corá), onde o estudo foi realizado,[6] indicou impactos importantes, destacando em termos econômicos:

a) **Em relação aos beneficiários**, registro de elevação da baixa renda monetária dos moradores, destacadamente oriunda do trabalho rural, melhorando as condições de vida das famílias beneficiárias mediante o acesso ao mercado consumidor local, possibilitando o atendimento de necessidades básicas, com destaque à alimentação, ao vestuário e, em alguns casos, eletrodomésticos, além de potencial acesso ao crédito;

b) **Em relação à dinâmica econômica dos municípios**, o destaque foi para o crescimento de pequenos comércios varejistas onde os beneficiários do BF buscam satisfazer a maioria de suas necessidades e geração de postos de trabalho.[7] Em razão da tendência de maior concentração do comércio varejista na sede dos pequenos municípios, Jesus (2011) apontou a migração de população rural para a sede dos municípios como um impacto decorrente do BF. O estudo ainda destacou o incremento do PIB municipal, verificando que em Caicó a variação do PIB foi da ordem de

---

6. Jesus (2011) desenvolveu um estudo documental e empírico sobre impactos de ordem econômica, sociocultural e política do BF em um município de porte médio (Caicó) e outro de pequeno porte (Cerro Corá) no Rio Grande do Norte.

7. O estudo destaca que o crescimento do comércio varejista, além do BF, decorre também de recursos recebidos de outros programas, como a aposentadoria rural, o BPC e a elevação do valor real do salário mínimo, todavia, observou um crescimento significativo de vendas no comércio varejista coincidindo com o calendário de pagamento do BF.

238,58% (2003-2007) e de 246,17% no período de 2005 a 2007, com a participação de 75,04% em 2007 do setor de serviços, onde estava incluído o comércio varejista; em Cerro Corá, o PIB cresceu 207,83% no período de 2003 a 2007 e 222,26% no período de 2005 a 2007, com a participação de 69,0% do setor de serviços.[8]

Outra contribuição do estudo de Jesus (2011) foi o dimensionamento da representatividade dos recursos do BF transferidos para os municípios em comparação com os recursos próprios e com outras transferências. Tomando por base Balanços Orçamentários dos municípios referentes a 2009, Sistema de Coleta de Dados Contábeis dos Entes da Federação (SISTN), 2009; Finanças do Brasil (FINBRA) — Dados Contábeis dos Municípios — Tesouro Nacional 2010, verificou que, em 2009, 90,5% da receita de Caicó era composta por transferências intergovernamentais e somente 7,14% eram receitas próprias geradas no município (R$ 3.896.686,08). Portanto, as receitas próprias geradas no município representavam quase a metade dos recursos transferidos pelo BF, que foi de R$ 5.757.333,00. Já em Cerro Corá, em 2009, as transferências intergovernamentais foram da ordem de 98,0%, e a receita própria de 2,0%, sendo o valor financeiro (R$ 264.380,14) seis vezes menor que o valor transferido pelo BF ao município, no mesmo ano (R$ 1.599.353,00).

Outro achado do estudo de Jesus (2011) foram alterações na dinâmica econômica dos municípios, verificando mudanças em estilos de vida das pessoas, com o surgimento de novas demandas sociais por saúde, educação, habitação etc.; alteração no ciclo migratório dos municípios em direção aos centros urbanos, portanto, gerando processos para além dos beneficiários dos programas.

Sobre os impactos sociais, o estudo de Jesus (2011) focou a sociabilidade dos beneficiários do BF, abordando questões relacionadas ao trabalho. Nesse aspecto, percebeu divergências entre os próprios beneficiários, destacando a tendência de relacionarem o recebimento

---

8. Dados do IBGE (2009).

do benefício à impossibilidade de trabalho com carteira assinada, considerando, na percepção dos beneficiários, que o trabalho informal, precário e instável se constituía critério para inserção no Programa, levando a falseamento ou omissão de informação quando do registro das pessoas da família no CadÚnico. Os beneficiários também demonstraram insegurança em relação ao mercado de trabalho pelo baixo nível de qualificação profissional que os limita ao subemprego, a trabalhos precários e instáveis e a baixa remuneração. Quando considerados alguns entrevistados não beneficiários, o destaque foi para o desestímulo ao trabalho (acomodação), que conduz os beneficiários a contentarem-se com o BF. Para Jesus (2011), esta percepção é marcada por viés conservador e preconceituoso, por desconsiderar as dificuldades desse público para inserção no mercado de trabalho formal.

Outro aspecto destacado nos impactos sociais foi o registro de alterações na dinâmica social do espaço urbano e no cotidiano, com o incremento da movimentação de pessoas para os centros das cidades, principalmente das mulheres responsáveis legais das famílias no BF, atraídas pela localização das agências pagadores, do comércio e dos serviços nas áreas centrais dos municípios. Essa dinâmica foi considerada positiva para ampliar a sociabilidade, constituindo-se inclusive na quebra de rotina das mulheres e da dinâmica social da cidade como um todo.

No campo dos impactos políticos do BF, Jesus (2011) ressaltou que os municípios estudados apresentaram uma realidade permeada pela política tradicional, como ocorre, via de regra, com os municípios brasileiros de pequeno porte, marcados pelo clientelismo, coronelismo, patrimonialismo, personalismo e pouca participação, de modo que o favorecimento constitui-se num componente natural da dinâmica política local. Mesmo identificando o poder das oligarquias nordestinas e a tradicional política coronelista, o estudo revelou que, nos municípios estudados, o desenho do BF não favorecia práticas clientelistas tradicionais, considerando que a transferência direta do benefício contribui para maior autonomia do beneficiário. Ademais, o formato adotado para seleção dos beneficiários e a gestão compartilhada do Programa, com uso de mecanismos de controle recíproco, termina contribuindo para situar o beneficiário mais numa posição de sujeito e de cidadão, embora o BF não se configure ainda como um direito.

> [...] a tessitura do Programa na esfera local trouxe novos elementos no que se refere à forma de implementação de uma política social, desmistificando antigos dogmas que se faziam presentes de maneira expressiva na esfera local, principalmente em se tratando de intermediação de agentes políticos em programas sociais que traziam a essas políticas/ programas uma roupagem antiga e viciada no retrato clientelista (Jesus, 2011, p. 198).

Outro destaque do estudo em relação aos impactos políticos foi a não vinculação do BF a políticos locais, embora tenha verificado a forte vinculação estabelecida com a figura do então presidente Lula. Corroborando com Jesus (2011), Marques et al. (2007), ao estudar o papel do BF na decisão das eleições presidenciais brasileiras de 2006, concluíram pela existência de forte relação entre o voto no segundo turno e o peso do BF em relação à população total de cada município. Constatou que, quanto maior a faixa de cobertura do BF em relação à população total, maior foi a proporção de votos válidos recebidos por Lula, de modo que o BF explicou, sozinho, 45% dos votos em Lula.[9]

Menção deve ainda merecer um aspecto negativo no campo dos impactos políticos, quando Jesus (2011) destaca a fragilidade do controle social do BF nos municípios que não contavam com conselhos específicos, representando sobrecarga para os Conselhos Municipais de Assistência Social. Foram mencionados também os vícios que

---

9. Entendemos que qualquer programa do porte do BF terá, necessariamente, um potencial eleitoral proporcional, o que pode não significar uso eleitoreiro do programa para fins de obtenção de votos. Ademais, é bom lembrar que, no caso do Governo Lula, somaram-se outros programas de destaque como: o programa *Luz para todos*, o PRONAF, o Programa Universidade para Todos (PROUNI), todos atingindo número elevado da população e envolvendo volume significativo de recursos, além da medida de reajuste progressivo do salário mínimo acima da inflação, como bem lembram os autores.

permeavam esses conselhos: influência do poder político local na indicação dos membros do Conselho, falta de condições de trabalho, interferências nos trabalhos e nas decisões e falta de qualificação da maioria dos integrantes dos conselhos.

3.2.2 Impacto do BF sobre a desigualdade e a pobreza

Estudos recentes evidenciaram uma significativa e contínua diminuição da pobreza e da desigualdade no país desde 2001. Nesse sentido, Barros et al. (2007a) indicaram que o Índice de Gini, uma das medidas da desigualdade mais usadas em todo o mundo, registrou declínio de 4,6% no Brasil, passando de 0,594 em 2001 para 0,566 em 2005, representando o maior declínio da desigualdade nos últimos 30 anos. Barros et al. (2007b), em outro estudo, identificaram que de 2001 a 2005 a renda anual no Brasil cresceu somente 0,9%, beneficiando mais a população pobre. Com efeito, durante o mesmo período, o índice de crescimento da renda dos 10% e dos 20% mais ricos da população foi negativo (–0,3% e –0,1%, respectivamente), enquanto o crescimento da renda dos 10% mais pobres foi de 8% ao ano, contribuindo para o declínio do Índice de Gini em 4,6% de 2001 para 2005. O estudo verificou que, pela primeira vez no Brasil, a pobreza é reduzida em decorrência, principalmente, da redução da desigualdade. Assim, o estudo citado verificou que os índices de pobreza e de extrema pobreza diminuíram 4,5%, cada um, naquele período.

A PNAD 2006 identificou que o Índice de Gini caiu de 0,547 em 2004 para 0,543 em 2005 e 0,540 em 2006, sendo que a PNAD 2007 registrou um índice de 0,528 (Instituto Brasileiro de Geografia e Estatística, 2007 e 2008). Mesmo com esse declínio, a renda do trabalho continuou muito concentrada. Em 2006, os 10% da população que se encontravam no mercado de trabalho com as rendas mais baixas detinham apenas 1% do total da renda. Ao mesmo tempo, os 10% da população trabalhadora com renda mais alta detinham 44,4% da renda total do trabalho. Portanto, apesar do declínio da desigualdade e da pobreza, o Brasil continuou numa posição internacional negativa, encontrando-se abaixo dos 5% mais desiguais num *ranking* de 74 países no mundo, necessitando ainda de 20 anos para alcançar posição similar se comparado à média dos países com menor nível de desigualdade (Barros et al., 2007a).

Considerando a distribuição percentual por classe de rendimento mensal familiar *per capita* dos arranjos familiares residentes em domicílios particulares, em salário-mínimo, verificou-se o seguinte comportamento em 2007: 23,5% ganhavam até 1/2 salário-mínimo; 27,0%, mais de 1/2 a 1 salário-mínimo; 24,3%, mais de 1 a 2 salários-mínimos; 8,2%, mais de 2 a 3 salários-mínimos; 6,2%, mais de 3 a 5 salários-mínimos e 5,5% mais de 5 salários-mínimos.

Esses dados da PNAD 2007 evidenciaram a disparidade da distribuição do rendimento mensal familiar *per capita* nos arranjos familiares residentes em domicílios particulares, se considerados os dois extremos. No primeiro extremo, com rendimento de até 1 salário-mínimo, tem-se a metade dos arranjos familiares, ou seja, 50,5%. No outro extremo, a situação relativa se mantém, agora em relação à distribuição do rendimento mensal familiar *per capita* nos arranjos familiares residentes em domicílios particulares de mais de cinco salários-mínimos, apontando 5,5% no Brasil (Instituto Brasileiro de Geografia e Estatística, 2008).

Considerando a distribuição percentual por classe de rendimento médio mensal familiar *per capita* em salários-mínimos das pessoas residentes em domicílios particulares, a situação é reafirmada pela mesma fonte nos dois extremos considerados, demonstrando a situação de pobreza em que vivia a população brasileira, com a seguinte realidade: até 1/2 salário-mínimo, 30%; mais de 1/2 a 1 salário-mínimo, 27%; mais de 1 a 2 salários-mínimos, 22%; mais de 2 a 3 salários-mínimos, 7,1%; mais de 3 a 5 salários-mínimos, 5,2%; e mais de 5 salários-mínimos, 4,1%.

Portanto, mesmo em declínio, a situação de pobreza continuou sendo agravada com a concentração de renda, o que é demonstrado observando-se o comportamento do rendimento médio mensal familiar *per capita* das famílias mais pobres e mais ricas no Brasil, em 2007:

os 10% mais pobres detinham 0,19% do salário-mínimo; os 40% mais pobres detinham 0,47% do salário-mínimo, enquanto os 10% mais ricos detinham 8,09% salários-mínimos (Instituto Brasileiro de Geografia e Estatística, 2008). Ademais, no que pese os rendimentos dos indivíduos e das famílias virem acumulando ganhos reais desde 2005 e o salário-mínimo vir sendo reajustado em patamares superiores à inflação, estes continuavam insuficientes para a manutenção das necessidades básicas das famílias, sendo a situação ainda mais grave na região Nordeste.

Estudo desenvolvido pelo IPEA em 2008 sobre a pobreza e a riqueza nas seis maiores metrópoles urbanas no Brasil,[10] indicou que o crescimento produtivo do país foi acompanhado da melhoria da renda de todas as famílias, com consequente diminuição do número de pobres registrada de 2003 a 2007, tendência mantida em 2008. O número de pobres caiu de 35,0% em 2003 para 24,1% em 2008, no conjunto das cidades, significando uma redução de um terço na situação de pobreza e indigência. Foi ainda mais significativa a diminuição do número de indigentes, entre 2002 e 2008, de 43,8% e de 2003 a 2008 de 48,3%.

Mais recentemente, o IPEA (2009) também desenvolveu estudo sobre a desigualdade e a pobreza metropolitanas durante a crise internacional, considerando as mesmas seis principais regiões metropolitanas do país. Esse estudo utilizou como principal fonte de informação a Pesquisa Mensal de Emprego (PME) do IBGE e como medida de desigualdade considerou o Índice de Gini, em conformidade com a PME, verificando que o Índice de Gini, entre janeiro (0,514) a junho de 2009 (0,493) caiu 4,1%, registrando-se a mais alta queda desde 2002 (0,534), que foi de 7,6% no período de março de 2002 a junho de 2009. Em relação à trajetória da pobreza no Brasil, o mesmo estudo revelou que, no período de março de 2002 (42,5%) a junho de 2009 (31,1%), a taxa de pobreza do Brasil metropolitano caiu 26,8%. Isso significou que, em termos absolutos, saíram 4 milhões

---

10. As seis regiões metropolitanas consideradas foram: Recife, Salvador, São Paulo, Porto Alegre, Belo Horizonte e Rio de Janeiro.

de brasileiros da condição de pobreza, de 18,5 milhões de pessoas em março de 2002 para 14,4 milhões em junho de 2009.

Outro estudo do IPEA, realizado em 2010,[11] considerou o panorama da pobreza, desigualdade de renda e políticas públicas no mundo e no Brasil nos anos recentes. Especificamente sobre o Brasil, foram ressaltados os seguintes dados: entre 1995 e 2008 a queda média anual da taxa nacional de pobreza absoluta (até meio salário-mínimo *per capita*) foi de –0,8% ao ano, sendo que no período 2003/2008, a taxa anual foi de –3,1%, enquanto a taxa nacional de pobreza extrema (até um quarto do salário-mínimo *per capita*) foi de –2,1% ao ano. Importa destacar que o estudo evidenciou que o declínio na pobreza e na indigência vem ocorrendo após a aprovação da Constituição Federal de 2008, a partir de quando é verificada elevação do gasto social em relação ao Produto Interno Bruto, de 13,3% em 1985, para 21,9% em 2005. Nesse processo, é ressaltado o movimento da descentralização da política social e da participação social na formulação e gestão das políticas sociais no Brasil. A descentralização, segundo o estudo citado, vem contribuindo para a elevação da participação dos municípios de 10,6% para 16,3% no mesmo período. Há que se considerar, todavia, que esse estudo do IPEA atribui à manutenção da melhoria das condições socioeconômicas no Brasil requer sustentabilidade de taxa elevada de crescimento econômico; baixa inflação; orientação do crescimento para produção de bens e serviços, com maior valor agregado e de elevado e avançado conteúdo tecnológico; alteração no padrão tributário regressivo, que onera mais a base da pirâmide social; alteração na política de uso do fundo público; melhoria de infraestrutura adequada em todo o país e melhoria da eficácia na utilização dos recursos públicos. Outro aspecto de grande realce no estudo foi a indicação de deficiências na coordenação, integração e articulação matricial no conjunto das políticas públicas, em termos horizontais.

---

11. A pesquisa tem como principais fontes de dados, para as informações internacionais, Nações Unidas (BM e World Income Inequality Database — WILD) e nacionais, a PNAD do IBGE e dados dos Ministérios do Planejamento, Orçamento e Gestão (Sistema de Informações Gerenciais e de Planejamento — SIGPLAN) e da Fazenda (Sistema Integrado de Administração Financeira — SIAFI).

Resultados de estudo publicado no Comunicado do IPEA n. 111 (2011), analisando as mudanças substantivas na pobreza no período 2004-2009 e considerando a população brasileira vivendo em famílias com renda mensal igual ou maior que um salário mínimo *per capita*, verificou um incremento dessas famílias de 29% para 42%. Destaca, ainda, que foi o extrato pobre o que mais foi reduzido em número de pessoas, com maior decréscimo relativo dos extremamente pobres: no período, ao menos 18,3 milhões de pessoas tornaram-se não pobres, com renda elevada para a faixa de um salário mínimo *per capita*, sendo que a renda do núcleo remanescente de extremamente pobres passou a ser integralmente composto pela renda do trabalho remunerado a menos de um salário mínimo e pelas transferências do BF, com destaque às famílias com crianças de 0 a 14 anos. Porém, não foi alterada a distribuição espacial da pobreza que continuou concentrada nos pequenos municípios do Nordeste.

Souza e Osório (2013), com base em dados da PNAD, ao analisar a composição dos rendimentos dos extratos de renda, destacaram que a composição da renda dos extremamente pobres (até R$ 70,00) e dos pobres (até R$ 140,00), na última década, registrou significativa alteração se considerado que o padrão brasileiro era constituído por maior participação da renda do trabalho. Em 2011, a participação dos rendimentos do trabalho caiu acentuadamente para os extremamente pobres, sendo as transferências sociais, principalmente o BF, a fonte mais importante. Desse modo, a fonte de rendimento proveniente do trabalho dos extremamente pobres foi de 75,6%, em 2003, e de 33,2% em 2011, enquanto o percentual da renda proveniente do BF foi em 2003 para os extremamente pobres da ordem de 10,5%, passando para 60,9% em 2011. Esses dados revelam que em 2003 o trabalho era fundamental para todos, com reflexos na participação dos benefícios previdenciários. O que diferenciava era a qualidade do emprego, dos extremamente pobres, que, em 2003, representava 5,5% e, em 2011, 0,9%. A partir dos números apresentados, os autores consideram que o extrato extremamente pobre apresenta poucas condições de se beneficiar da expansão do mercado de trabalho e dos aumentos do salário mínimo. Daí, o BF pode ser considerado altamente importante para a população que vive em extrema pobreza, podendo eliminar a miséria causada pela incapacidade de conseguir trabalho.

Na mesma direção dos estudos já mencionados, Hoffman (2013), utilizando-se de dados da PNAD, mostrou a contribuição de diversas parcelas do rendimento domiciliar *per capita* no processo de redução de desigualdade da distribuição de renda no Brasil de 1995 a 2011. Considerando o BF como um programa bem focalizado e uma fonte de renda fortemente progressiva, destaca que, no período 1995-2011, as aposentadorias e pensões *oficiais* contribuíram com 11,7% da redução do coeficiente de Gini, enquanto o BF contribuiu com 16,1%, mesmo sendo a sua participação média da renda total declarada inferior a 1,0%. Esse desempenho é atribuído à grande progressividade das transferências federais, particularmente do BF.

Ainda em 2013, estudo de Souza e Osório[12] evidencia o crescimento da renda *per capita* brasileira entre 2003 e 2011 em mais de 40,0%, elevando-se de cerca de R$ 550,00 para mais de R$ 770,00. Considerou também que a desigualdade medida pelo Índice de Gini diminuiu 9,2%, de 0,576 para 0,523, no mesmo período. A extrema pobreza diminuiu 8,0%, fixando-se em um pouco mais de 3,0% da população, enquanto a pobreza recuou de 16,0% para 6,0%. O estudo ressaltou queda na incidência da pobreza em todas as regiões, embora indique que a concentração dos mais pobres aumentou nas regiões Norte e Nordeste, de modo que, em 2003, 56,9% dos extremamente pobres e 38,1% dos pobres moravam em municípios pequenos do Norte e Nordeste, regiões que abrigam 20% da população nacional, onde, em 2011, os extremamente pobres eram 64,9% e os pobres, 50,7%.

Outros dados são destacados no relatório de Indicadores de Desenvolvimento Brasileiro, a partir da compilação de diferentes fontes e, em especial, da PNAD 2011 (Chedieg, 2012). É registrado que, nos últimos 10 anos, a economia brasileira vivenciou uma

---

12. O estudo de Souza e Osório (2013), *O perfil da pobreza no Brasil e suas mudanças entre 2003 e 2011*, utiliza-se da PNAD como fonte de dados e adota as linhas de pobreza (R$ 140,00) e pobreza extrema (R$ 70,00) fixadas pelo BF e pelo Brasil Sem Miséria, estabelecendo a linha de vulnerabilidade igual a quatro vezes o valor da linha de pobreza.

combinação de crescimento econômico e melhora na distribuição de renda, com o incremento de 29% do PIB *per capita* real, favorecendo a população mais pobre. Ademais, considera que o coeficiente de Gini caiu de 0,553 em 2001 para 0,500 em 2011, acompanhado de crescimento considerado forte e contínuo da renda domiciliar *per capita*, com elevação anual de uma taxa média de 4,5% acima da inflação desde 2004 (de R$ 687,00 em 2003 para R$ 932,00 em 2011, em valores atualizados). O crescimento, segundo o estudo referenciado, foi mais intenso nas regiões mais pobres e para parcelas de menor renda da população, contribuindo para a diminuição da desigualdade. Desse modo, a renda dos 20% mais pobres aumentou em ritmo sete vezes maior do que a dos mais ricos (5,1% ao ano em média acima da inflação, passando a renda média domiciliar *per capita* mensal dos 20% mais pobres de R$ 102,00, em 2001, para R$ 167,00 em 2011). Destaca ainda que o quadro mais acentuado de melhoria foi registrado em relação à situação de extrema pobreza: entre 2001 e 2011 a população com renda domiciliar *per capita* até US$ 1,25/dia recuou de 14% para 4,2%, patamar bem inferior à meta estipulada pelos Objetivos de Desenvolvimento do Milênio (12,8%).

Furtado (2013), em estudo desenvolvido a partir dos censos demográficos 2000 e 2010, constatou que a vulnerabilidade das famílias brasileiras apresentou redução média de 19,3% no período, passando de 0,305 para 0,246. Nesse aspecto, considerou que, dos seis componentes do índice geral, o *acesso ao trabalho* e aos *recursos financeiros* foram os maiores responsáveis pela redução da média nacional (29,4% e 36,2%, respectivamente), enquanto o *desenvolvimento infantojuvenil* apresentou uma redução de 16%, sendo que as *condições habitacionais apresentaram o menor desempenho* (–13%), seguindo-se do *acesso ao conhecimento* (–11,9%) e à *vulnerabilidade social* (–9,2%).[13]

---

13. Furtado (2013) considerou vulnerabilidade a incapacidade de a família responder, de modo adequado e em tempo hábil, a eventos inesperados de ordem ambiental ou social, como: inundações, perda de emprego e renda pelos adultos da família, doença do responsável ou inadequações temporárias da residência e sua acessibilidade. O índice geral de vulnerabilidade compõe-se das dimensões: vulnerabilidade social, acesso ao conhecimento, acesso ao trabalho, escassez de recursos, desenvolvimento infantojuvenil e condições habitacionais.

Na busca de considerar as causas do declínio da pobreza e desigualdade nos anos recentes, vários estudos situaram os programas de transferência de renda, em particular o BF, no contexto de outras determinações presentes na conjuntura brasileira.

Barros et al. (2006) destacaram como principais causas da queda da desigualdade no Brasil, no período de 2001 a 2004, a contribuição da demografia, a melhoria da rede de proteção social e mudanças relacionadas ao mercado de trabalho.

Soares et al. (2006), em estudo sobre o impacto dos programas de transferência de renda sobre a desigualdade e a pobreza no Brasil de 1994 a 2004, destacaram o resultado positivo do BF e do BPC,[14] responsáveis por 28% da redução do índice de Gini no período, mesmo esses programas de transferência de renda representando só 0,82% do total da renda das famílias. Constataram também que os programas que transferiam um salário-mínimo para famílias pobres, o caso do BPC, produziam maior impacto na redução da pobreza, enquanto o BF, por ser um programa que transfere renda variável e bem abaixo do salário-mínimo, tende a ter maior impacto na redução da desigualdade dado seu caráter massivo.

Soares et al. (2006) consideraram como causa da melhoria da distribuição de renda no período 1976 a 2004 a Política Social de Estado, de modo que os programas de transferência de renda foram responsáveis por ¼ da queda da desigualdade e o mercado de trabalho, principalmente a elevação real do salário mínimo desde 1994, foi responsável por ¾. Esses aspectos são destacados também por Fábio Veras Soares et al. (2006), quando estudaram o impacto dos programas de transferência de renda sobre a desigualdade e a pobreza no Brasil de 1994 a 2004. Destacaram o resultado positivo do BF e do BPC, como responsáveis por 28% da redução do Índice de Gini no período, mesmo os programas de transferência de renda representando só 0,82% do total da renda das famílias. Nesse aspecto, porém, consideram que

---

14. O BPC é um programa de transferência de renda direcionado a pessoas idosas a partir de 65 anos de idade e a deficientes quando vivendo em famílias com renda familiar *per capita* inferior a um quarto do salário-mínimo, cujo benefício equivale a um salário-mínimo.

os programas que transferiam um salário mínimo para famílias pobres, como o BPC, o impacto foi maior na redução da pobreza, enquanto o BF tende a ter maior impacto na redução da desigualdade, dado seu caráter massivo.

Soares et al. (2007), em estudo sobre o BF no Brasil, o Oportunidades no México e o Chile Solidário no Chile, concluíram que esses programas contribuíram significativamente para redução da desigualdade nestes países, mesmo sendo responsáveis por pequena parte da renda total (menos de 1% no Brasil e no México e 0,1% no Chile). Destacaram que o impacto na desigualdade foi de 2,7 pontos no índice de Gini no Brasil, em razão da excelente focalização e do caráter massivo do BF. Esse aspecto foi confirmado por Soares, Ribas e Osório (2007), que concluíram que a boa focalização aliada ao montante crescente de recursos transferidos pelos programas de transferência de renda vem contribuindo para reduzir a desigualdade na distribuição de renda e consequentemente para reduzir a pobreza. Ainda, o estudo do IPEA (2008) sobre a pobreza e a riqueza nas seis maiores metrópoles urbanas no Brasil concluiu que as causas apontadas para redução da pobreza e da indigência foram o crescimento econômico, o ganho real do salário mínimo e as transferências em dinheiro do governo para os pobres, destacando também o crescimento no número de ricos, entre 2002 e 2008, de 448 mil para 476 mil pessoas, beneficiadas pelo crescimento econômico e ganhos de produtividade, pouco repassados para o salário dos trabalhadores, além de significativa expansão da classe média. Em sequência, estudo do IPEA (2009) sobre a desigualdade e a pobreza nas mesmas regiões metropolitanas concluiu que a transferência monetária do governo aos pobres pode ter contribuído para que o contexto de grave crise internacional tenha impedido a não deterioração das variáveis sociais.

Em estudo do IPEA (2010), já mencionado, é considerado que, no caso brasileiro, as causas responsáveis pela melhoria social na diminuição consistente da pobreza e da desigualdade foi uma combinação de fatores: continuidade da estabilidade monetária, maior expansão econômica e reforço das políticas públicas; elevação real do salário mínimo; ampliação do crédito popular; reformulação e ampliação dos programas de transferência de renda aos extratos de menor rendimento.

Comunicados do IPEA, n. 111 (2011), também já referenciado, destacou como principal conclusão que a desigualdade na distribuição de renda entre os brasileiros em grande parte foi motivada pelo crescimento econômico e pela geração de empregos, considerando também a contribuição das mudanças demográficas e o aumento da escolaridade da população adulta, mesmo que lento. Todavia, destacou como a grande novidade a transformação da política social favorecedora dos processos de mudanças na estratificação de renda dos brasileiros, principalmente os aumentos reais do salário mínimo e a expansão das transferências focalizadas de renda. O estudo ainda constatou que muitas famílias dos extratos pobres têm renda do BF, porém, em razão dos baixos valores médios transferidos, o Programa não promove a ascensão da família sem conexão com a renda do trabalho. Em decorrência, as famílias que recebem o BF e não contam com outras rendas permaneciam na extrema pobreza[15].

Os resultados dos estudos expostos permitem concluir que os programas de transferência de renda têm contribuído para a recente redução da pobreza e da desigualdade, com maior destaque à extrema pobreza e em menor incidência a desigualdade. Todavia, outras variáveis contextuais e conjunturais devem ser destacadas, inclusive com uma participação maior nesse processo, merecendo destaque o crescimento econômico; a estabilidade monetária, a redução dos índices de desemprego; o incremento da formalização do trabalho; a inserção de trabalhadores na previdência social, a elevação da renda do trabalho e, principalmente, o reajuste do salário mínimo, acima da inflação. Todavia, minorar as privações de vida das famílias beneficiárias dos programas de transferência de renda não significa tirá-las da pobreza, na maioria dos casos.

---

15. A constatação dessa realidade levou o BF a criar em 2012 o Benefício Básico de Superação da Miséria, que faz com que toda família beneficiária do BF alcance uma renda de pelo menos R$ 70,00 *per capita*.

3.2.3 Impacto do BF sobre a segurança alimentar e nutricional

Na discussão sobre esse aspecto, é inicialmente considerada a utilização dos recursos recebidos do BF, havendo consenso que a maior proporção destes é destinada ao consumo de alimentos, seguido de itens de educação e vestuário infantil (Brasil, 2007; Instituto Brasileiro de Análises Sociais e Econômicas, 2008), tendo a confirmação de Brandão, Dalt e Gouvêa (2007), que indicam 76,4% dos recursos destinados à alimentação e 11,1%, para compra de material escolar.

Quando se busca identificar os impactos do BF na população beneficiária, um dos aspectos mais destacados é a segurança alimentar e nutricional das famílias, entendendo-se segurança alimentar e nutricional como a realização do direito de todas as pessoas ao acesso regular e permanente a alimentos de qualidade, em quantidade suficiente (Centro de Desenvolvimento e Planejamento Regional de Minas Gerais; Universidade Federal de Minas Gerais, 2007).

Um aspecto inicial a ser considerado é a utilização dos recursos recebidos do BF, sendo destacado que a maior proporção destes é destinada ao consumo de alimentos, seguido de itens de educação e vestuário infantil (Centro de Desenvolvimento e Planejamento Regional de Minas Gerais; Universidade Federal de Minas Gerais, 2007; Instituto Brasileiro de Análises Sociais e Econômicas, 2008), o que é confirmado por Brandão, Dalt e Gouvêa (2007), que indicaram a alimentação consumindo 76,4% dos recursos e a compra de material escolar, 11,1%.

De acordo com a pesquisa realizada pelo Cedeplar/UFMG (2007),[16] os titulares declararam que, após o recebimento do BF, aumentou o consumo de alimentos nas famílias, embora tenham se verificado mudanças diferenciadas em cada região, com a variação conforme hábitos alimentares. Nesse sentido, o estudo concluiu que

---

16. Para o desenvolvimento desta pesquisa, foram entrevistados com questionários de pergunta fechada, em outubro de 2007, 5 mil titulares do BF em 229 municípios brasileiros das 5 regiões do Brasil, sendo os entrevistados escolhidos por amostragem a partir do cadastro do BF. A pesquisa foi complementada com estudo qualitativo, sendo ouvidos 170 titulares distribuídos em 15 grupos focais, gestores municipais e membros de instâncias de controle social do Programa de 15 cidades de 5 Estados, ouvidos entre junho e julho de 2006.

as mudanças na alimentação das famílias, a partir do recebimento do benefício do BF, acompanharam a tendência nacional identificada por pesquisas de orçamento familiar realizadas pelo IBGE no que se refere ao aumento do consumo de proteínas de origem animal, leite e seus derivados, aumento no consumo de biscoitos, óleos e gorduras, açúcares e alimentos industrializados, com aumento em menor proporção no consumo de vegetais e hortaliças. Portanto, no geral, a dieta das famílias mostrou que alimentos de maior densidade calórica e menor valor nutritivo prevaleceram no consumo, contribuindo para o aumento do excesso de peso e da obesidade com o favorecimento de doenças provocadas por essa distorção alimentar.

Outra conclusão do estudo foi que a regularidade no repasse do benefício pelo BF possibilitou o planejamento de gastos com consequente modificação do padrão de consumo. Todavia, o estudo também concluiu que, mesmo tendo ocorrido o aumento na quantidade e na variedade dos alimentos, a partir do recebimento do benefício do BF, a situação da Escala de Insegurança Alimentar (IA) ainda é alta, sendo considerado que, apesar da importância do BF do ponto de vista das políticas públicas por melhorar as condições de vida das famílias, o Programa por si só não garante índices satisfatórios de segurança alimentar, em razão do nível de pobreza estrutural mais amplo das famílias beneficiárias. Isto porque a situação de pobreza estrutural e severa limita as famílias no acesso a bens públicos básicos, como esgoto e atendimento à saúde, que interferem diretamente nas taxas de IA, sendo, portanto, necessárias outras políticas públicas.

Ainda sobre a segurança alimentar e nutricional, pesquisa de opinião relatada por Silva e outros (2007) e realizada pelo MDS, DataUFF, nas 27 unidades da federação no período de 1º a 18 de março de 2006[17] destacou os seguintes resultados: a maioria das crianças brasileiras (94,2%) realizava três ou mais refeições ao dia, sendo largamente destacado o almoço. Entre as crianças beneficiárias do BF, 84% realizavam

---

17. A pesquisa foi realizada em uma amostra de municípios selecionados por amostragem probabilística por meio de sorteio, utilizando o cadastro de beneficiários, sendo selecionados 53 municípios e 3.000 famílias que recebiam o benefício há pelo menos doze meses.

uma refeição ofertada na escola. Sobre a disponibilidade de alimentos, 87,5% afirmaram que, antes da inserção no BF, os alimentos do domicílio terminavam antes que tivessem dinheiro para novas aquisições, registrando declínio deste percentual para 82,6%, com redução de 5,7%; sobre se alguma pessoa da casa deixou de comer ou comeu menos porque não havia comida suficiente, antes eram 58,3%, depois 48,6%, com uma diferença significativa de 17,4%; quanto à satisfação das famílias sobre a melhoria da qualidade e variedade dos alimentos após inserção no BF, melhorou muito para 18,7% ou apenas melhorou para 66,9%, registrando-se um índice de satisfação de 85,6%; quanto à variedade de alimentos, 73,3% relataram que melhorou muito e 26,7% que a dieta melhorou, perfazendo um total de satisfação de 100%. Pelo relato das famílias foi estimada uma redução de 53,3% na situação de IA grave, entendida como a duração de alimentos na unidade familiar por menos de uma semana, com esta condição registrada antes do recebimento do benefício para 34,9% dos entrevistados e alterada para 16,1% após a inserção no programa. Os mesmos dados permitiram identificar a taxa de 97,2% para o aumento da condição de segurança alimentar plena, pela duração de quatro semanas do alimento na unidade familiar, sendo essas prevalências de 10,9% antes do programa e de 21,5% depois da inserção no Programa.

A partir das informações levantadas, o estudo concluiu que o BF está transferindo parcela expressiva da população brasileira para a área da segurança alimentar, o que, porém, ocorre na proporção em que se eleva a faixa do valor monetário recebido, de modo que um expressivo contingente de famílias pobres ainda convive com a condição de IA.

Entre os estudos mais recentes sobre o impacto nutricional e na segurança alimentar em famílias beneficiárias do BF, destaco Priore (2011) e Florêncio (2011).

No estudo de Priore (2011)[18] os resultados de maior destaque indicaram a prevalência de segurança alimentar em 27,2% e de IA em

---

18. Estudo tipo transversal com 243 crianças na faixa etária entre 2 e 6 anos de idade, escolhidas por amostra probabilística com base no cadastro do BF da Secretaria de Assistência Social

72,8%, sendo que 47,3% apresentaram insegurança leve, 10,7%, moderada, e 14,8%, IA grave. Com relação ao estado nutricional das crianças, foi identificado 1,2% e 4,1% de déficit de peso e estatura, respectivamente, e 20,2% de excesso de peso. As maiores prevalências de baixo peso foram detectadas na situação de IA grave e de excesso de peso na IA leve, todavia não foram diferenças significantes. Após ajuste pela regressão múltipla, a baixa escolaridade da mãe foi associada significativamente com a IA.

O estudo coordenado por Florêncio (2011)[19] apresentou como principais resultados:

- apesar de a maioria das famílias entrevistadas ter casas próprias, somente 8,8% delas eram equipadas com revestimentos para piso;
- apenas 13,2% da água de beber era tratada (fervida, filtrada ou com hipoclorito);
- por ser a mãe a responsável pela casa e o BF transferir renda para beneficiárias do sexo feminino, confere à mãe um maior poder de compra e o aumento de sua autoridade no espaço doméstico, o que pode resultar em maior cuidado com o ambiente e com os filhos;
- ao ser verificado que 73,3% dos adultos são analfabetos funcionais e que 72% das famílias entrevistadas se situavam na classe D ou E, concluiu que o recurso do BF é direcionado a famílias de maior risco às carências alimentares e nutricionais;
- a maioria das famílias avaliadas afirmou que o recurso do BF é utilizado para compra de alimentos, sendo os alimentos

---

de Viçosa, MG. As informações socioeconômicas, demográficas e de saúde foram coletadas pela aplicação de questionários estruturados com responsáveis pela criança. O objetivo desse estudo foi verificar os fatores associados à (in)segurança alimentar e ao estado nutricional de pré-escolares, beneficiários do BF, verificando a influência de indicadores socioeconômicos e demográficos.

19. Estudo transversal com 204 famílias beneficiárias do BF em favelas da 7ª região administrativa do município de Maceió. Foram realizadas entrevistas domiciliares, sendo as informações sobre o peso corporal, estatura, sexo, idade e os dados socioeconômicos da família obtidos em formulário testado previamente em estudo piloto. O estado nutricional dos adultos foi dimensionado pelo IMC. O objetivo geral do estudo era avaliar o estado nutricional e a segurança alimentar de beneficiários do BF residentes em favelas de Maceió, Alagoas.

mais comprados o arroz e o feijão (71,1%), e dos alimentos proteicos o mais consumido era o frango, seguido de ovos e salame. Todavia, o consumo de biscoitos e iogurte foi maior quando comparado com verduras e frutas, evidenciando aproximação ao padrão geral identificado em pesquisas do IBGE (Pesquisa de Orçamentos Familiares (POF) 2008-2009);

- a análise dos dados antropométricos das crianças mostrou que o número de crianças desnutridas ainda é o dobro das com sobrepeso/obesidade com desnutrição crônica superior de 15,5%, enquanto em Maceió era de 9,0% e no Brasil de 6,6%, significando que as crianças beneficiadas pelo BF utilizavam dietas deficientes e conviviam com condições ambientais precárias;
- foi verificado também que 11,5% dos adolescentes apresentavam baixo peso, 8,5% com déficit de crescimento e somente 2% com excesso de peso, enquanto os adultos apresentaram elevada prevalência de sobrepeso/obesidade (51,2%);
- uma constatação foi que a ingestão de cálcio era deficitária em todas as idades, porém o consumo de ferro por crianças com idade inferior a 4 anos era adequado, embora abaixo das recomendações nutricionais diárias para faixas etárias de 5 a 9 anos, adolescentes de 10 a 13 anos do sexo masculino e adultos do sexo feminino. A ingestão de vitamina A, por sua vez, encontrava-se abaixo da recomendação para crianças de 5 a 9 anos, adolescentes de 10 a 13 anos do sexo feminino e adolescentes de 14 a 18 anos de ambos os sexos, enquanto o consumo de vitamina E era deficiente em toda a população estudada e as concentrações de fósforo e magnésio estava abaixo da recomendada para os adolescentes;
- finalmente foi destacado que, nos domicílios com moradores menores de 18 anos, a ocorrência de IA, em seus variados níveis, foi de 100%.

Os resultados dos estudos apresentados revelam a complexidade da análise sobre segurança e IA nas famílias atendidas pelo BF, o que requer o estabelecimento de relações com as condições ambientais, habitacionais, acesso das famílias a serviços básicos de saúde e saneamento e a outros serviços sociais básicos. Isso significa que a transferência monetária do BF, mesmo que utilizada sobretudo para compra de alimentos, não é suficiente para garantir segurança alimentar. As famílias precisam ser atendidas por políticas e programas estruturantes no campo da saúde, educação e trabalho. Ademais, variáveis como número de pessoas na casa, nível de educação e trabalho são estatisticamente associadas à IA.

3.2.4 O BF e o trabalho

Sobre o trabalho, pesquisa desenvolvida pelo Centro de Desenvolvimento e Planejamento Regional de Minas Gerais da Universidade Federal de Minas (Cedeplar)/(UFMG) (2007) procurou identificar se o programa cria incentivos negativos ao trabalho, provocando redução da participação da força de trabalho de homens e mulheres no mercado de trabalho. Os resultados apontaram diferenças positivas em relação à proporção de adultos ocupados no domicílio, com o registro de maior participação no mercado de trabalho dos beneficiários do BF, principalmente em relação àqueles que não recebem nenhum benefício (grupo dos não beneficiários), com o registro de 3,1% para os extremamente pobres e de 2,6% para os pobres no incremento da participação da força de trabalho no mercado de trabalho.

Esse aspecto é reafirmado pelas PNADs (2004 e 2006), que verificaram a inserção das pessoas no mercado de trabalho, segundo a condição de recebimento ou não de transferência monetária de programa social do governo. Foi então verificado que, em 2006, o nível de ocupação das pessoas de 10 anos de idade ou mais dos domicílios onde houve transferência monetária de programas sociais do governo foi de 52,1%, ligeiramente inferior à situação dos que não receberam esse benefício (58,6%). Em 2004, o nível de ocupação de pessoas de 10 anos ou mais que receberam transferência monetária apresentou a mesma tendência, sendo de 52,1% e de 57,7% das que não o receberam. Esses dados desmistificam uma versão preconceituosa de que as pessoas tendem a deixar de trabalhar quando inseridas em programas de transferência de renda. Ademais, em relação à procura por trabalho, todas as diferenças significativas verificadas foram positivas aos beneficiários do BF no aumento da busca por trabalho.

Ainda em relação ao trabalho, as PNADs (2004 e 2006), ao considerarem as pessoas de 10 anos de idade ou mais segundo os segmentos de atividade principal, verificaram que a maior proporção de trabalhadores na atividade agrícola, tanto em 2004 como em 2006, ocorria em domicílios particulares que receberam transferência monetária de programas sociais do governo. Por outro lado, os segmentos de comércio, reparação e serviços foram mais destacados nos domicílios particulares que não receberam essa transferência monetária. Por outro lado, em 2006, o percentual de empregados no trabalho principal com carteira assinada no grupo de unidades domiciliares onde não houve recebimento de transferência monetária de programas sociais do governo foi de 58,8%, contra 35,2% nas moradias onde havia beneficiários. Em 2004, identificou-se uma situação análoga, 54,8% e 32,9%, respectivamente, registrando-se, porém, nos dois grupos, aumento de trabalho principal com carteira assinada de 2004 para 2006.

A pesquisa AIBF realizada pelo MDS, na sua segunda etapa em 2009, para comparação de impactos do BF com resultados identificados numa primeira rodada em 2005 (Brasil, 2012b), destacou as seguintes conclusões sobre o trabalho dos beneficiários do BF.

O trabalho infantil vem diminuindo com o tempo entre 5 e 15 anos de idade, verificando-se que, em 2005, 19% das crianças de 5 a 10 anos e 6% das crianças e adolescentes de 11 a 15 anos trabalhavam, enquanto o trabalho infantil de crianças de 5 a 10 anos, em 2005, era 1,3% e, em 2009, declinou para 0,7%; já as crianças e adolescentes de 11 a 15 anos que trabalhavam em 2005 eram 6,3% e, em 2009, 4,6%. O trabalho de jovens de 16 e 17 anos também registrou declínio de 2005 (22,9%) para 15,7%, em 2009. O estudo também dimensionou a variação do trabalho infantil considerando o sexo, de modo que em ambas as faixas etárias mencionadas, em 2005, a inserção do sexo masculino no mercado de trabalho era sempre superior ao sexo feminino, embora essa inserção fosse inferior nos dois sexos em relação aos beneficiários do BF. Em 2009, quando considerado o sexo, a mesma situação ocorria em relação à inserção no mercado de trabalho, porém foi verificado que a incidência do trabalho na faixa etária de 5 a 15 anos era ligeiramente maior entre os beneficiários do BF, mas inferior na faixa etária de 16 e 17 anos.

Sobre o trabalho da população adulta, a pesquisa destacou os seguintes aspectos: as taxas de ocupação entre não beneficiários e beneficiários do BF eram muito próximas. Na faixa etária de 18 a 55 anos de idade, em 2009, a parcela de pessoas ocupadas ou procurando trabalho era de 65% entre os beneficiários e de 71% entre os não beneficiários; na faixa etária de 30 a 55 anos, a parcela de ocupados ou procurando trabalho era de 71,2% e 69,8% respectivamente para os não beneficiários e beneficiários do BF. Esses dados revelaram significativa participação economicamente ativa no mercado de trabalho dos dois grupos. Sobre a taxa de desemprego, as tendências também aproximaram os dois grupos, de modo que a taxa de desemprego entre os beneficiários ou não, em 2005 e 2009, nas pessoas com idade entre 30 e 35 anos, mantinha-se abaixo de 10%, nos dois anos considerados, para os beneficiários ou não. Já, em 2009, a busca por trabalho entre os beneficiários era um pouco mais elevada (14,2% contra 11,4% entre os não beneficiários de 18 a 55 anos e de 7% e 8,9%, respectivamente, para os não beneficiários e para os beneficiários na faixa etária de 30 a 55 anos de idade). Sobre a jornada de trabalho semanal de todas as ocupações, foi registrada uma diminuição pelo menos de uma hora de trabalho entre os não beneficiários entre 2005 e 2009, tendência não verificada entre os beneficiários. No entanto, para as mulheres não ocupadas, o BF aumentou em 5% a procura por trabalho, sendo registrado na região Nordeste 8%.

O conjunto de dados apresentados permite concluir que não se pode falar em desinteresse por parte dos beneficiários do BF em se inserir no mercado de trabalho.

Estudos mais recentes, como Oliveira e Soares (2012), ao levantar a questão do efeito preguiça provocado pelos programas de transferência de renda, confirmaram os achados anteriores: fora grupos demográficos muito específicos, como mulheres com filhos, o mito do desincentivo ao trabalho é muito pequeno ou não existe, sendo contestado o fato de uma família possuir uma renda baixa poder levar a acomodação e diminuição de oferta de trabalho de seus membros, quando inseridos nestes programas.

Outro foco do estudo foi em que medida o afastamento do trabalho pode ser aceitável. Nesse aspecto, considerou que a análise teórica dos impactos sobre a oferta de trabalho de uma transferência como o BF é inconclusiva e ambígua, daí recorreram a métodos empíricos. Então, desenvolveram resenhas de treze estudos empíricos, concluindo que os resultados encontrados até então na literatura variavam um pouco ao longo do tempo e de acordo com o método, mas são consensuais sobre a eficácia dos programas de transferência de renda para reduzir a oferta de trabalho das crianças, consequentemente, diminuindo o número das crianças que não estudavam e trabalhavam. Ademais, constataram que alguns estudos apontaram para uma maior participação no mercado de trabalho entre os beneficiários, mas acompanhados de menos providências para conseguir trabalho e que foi verificada certa tendência de alguma redução da oferta da jornada de trabalho entre as mulheres beneficiárias pobres, com maiores valores de transferências recebidas, optando por se dedicar mais aos cuidados com os filhos. O estudo ressalta que as pequenas quedas de participação ou de jornada de trabalho não são, necessariamente, ruins, destacando como principal conclusão dos estudos resenhados que os programas de transferência de renda impactam pouco sobre o mercado de trabalho e que a redução da jornada de trabalho das mães e a diminuição da probabilidade de trabalho para grupos com potencial para inserção apenas em atividades degradantes e de elevada exploração são positivas. Nesse aspecto, considera não existir constatação empírica de suporte às posturas conservadoras e preconceituosas que simplificam a realidade ao denunciar o *efeito preguiça* dos programas de transferência de renda sobre o trabalho. O que destaca de fato é a inserção em ocupações precárias, instáveis e de baixa remuneração no mercado de trabalho por parte dos beneficiários de programas de transferência de renda em decorrência de seus limites de nível de instrução e de baixa qualificação profissional.

Outros estudos de casos de natureza qualitativa e realizados em profundidade reafirmaram e complementam o significado e os possíveis impactos do BF em relação ao trabalho. Nessa direção, Araújo (2009) evidenciou que o trabalho ou outras formas de aquisição de renda e o montante desta foram destacados em depoimentos das beneficiárias do BF consideradas no seu estudo. Estas percebiam o trabalho enquanto elemento constitutivo e articulador na provisão das necessidades e na melhoria das condições de vida. Assim, o trabalho é focado nos depoimentos como componente central para compreensão da vida das beneficiárias entrevistadas, enquanto elemento da sociabilidade e do reconhecimento social, ao assegurar a sobrevivência, mas também o reconhecimento na sociedade. Todavia, o que foi constatado no estudo foi um cenário em que se destacaram diferentes formas de inserção no trabalho, marcadas pela instabilidade ocupacional, pela informalidade, pelo desemprego e pela baixa renda, sendo o trabalho estável visto e desejado como condição de segurança, o que levaria a não necessidade de estar no BF. Não ter trabalho fixo com renda suficiente para garantir o sustento da família foi destacado pelas entrevistadas como o principal determinante para recorrer a um programa social, de modo que, na impossibilidade do trabalho estável, o BF era a alternativa possível, enquanto ajuda e estratégia de acesso a uma renda mínima para uma estabilidade mínima (Araújo, 2009).

O estudo de Carneiro (2010) reafirma as conclusões de Araújo (2009), ao destacar nas entrevistas realizadas que a proteção à família coloca necessariamente o direito ao trabalho, enquanto provisão do sustento da família e condição de cidadania. A negação ao não acesso ao trabalho para os entrevistados cria dependência e gera impossibilidade de sobreviver dignamente em razão do desemprego ou da inserção em atividades instáveis e mal remuneradas, pela ausência ou insuficiência de qualificação profissional. Assim, os relatos atribuíram caráter temporário ao BF, ansiando permanecer no Programa até *melhorar de vida, arrumar trabalho*, expressando medo de perder o benefício que, de alguma forma, minora a situação de pobreza em que as famílias vivem, embora almejem a independência (Carneiro, 2010).

Se considerado o trabalho infantil, os indicadores sociais de 2008, referenciados pela PNAD 2007, elaborados pelo IBGE, apresentaram a seguinte realidade no Brasil: 3,3% de crianças de 5 a 9 anos de idade; 48,2% de crianças e adolescentes de 5 a 17 anos e 63,9% de jovens de 15 a 17 anos de idade trabalhavam. Todavia, se considerada a evolução do trabalho infantil no Brasil, em geral, na faixa etária de 5 a 17 anos, verificou-se um índice de 18,7% em 1995, chegando a 11,1% em 2006 e a 10,6% em 2007 (Instituto Brasileiro de Geografia e Estatística, 2008). A PNAD de 2009 evidenciou esse processo declinante indicando que em 2004 eram 5,5 milhões de crianças e adolescentes de 5 a 17 anos que trabalhavam, diminuindo para 4,5 milhões em 2008 e 4,3 milhões em 2009, o que representou um significativo decréscimo.

Dados mais recentes registrados pelo relatório de Indicadores de Desenvolvimento Brasileiro (Chedieg, 2012) informaram que o trabalho infantil registrou uma redução de 54% do número de crianças de 5 a 14 anos que trabalhavam e apresentaram 96,2% de frequência à escola. É considerado que a queda do trabalho infantil foi ainda maior para crianças de 5 a 9 anos, recuando 76% de 2001 a 2011, alcançando o nível de ocupação de 0,4%, com o registro de maior redução no trabalho não agrícola responsável pela maior parcela do trabalho infantil nessa faixa etária (75%).

Embora não sejam informados dados específicos sobre o impacto do BF para redução do trabalho infantil, pode-se considerar que o maior tempo dedicado à escola diminui a disponibilidade das crianças para o trabalho infantil.

3.2.5 O BF e a educação

A educação é uma questão central nos programas de transferência de renda na América Latina, sob o pressuposto de que crianças na escola têm garantia de retorno econômico no futuro, contribuindo para rompimento do ciclo vicioso da pobreza. No caso do BF, a frequência à escola de crianças e adolescentes de 6 a 17 anos de idade é uma condicionalidade para permanência da família no Programa.

Pesquisa anteriormente citada (Centro de Desenvolvimento e Planejamento Regional de Minas Gerais; Universidade Federal de Minas Gerais, 2007) buscou analisar os diferenciais entre o grupo de beneficiários do BF e dois grupos de comparação[20] sobre os indicadores individuais de educação das crianças de 7 a 14 anos de idade em relação a: a) **frequência à escola**, tendo sido verificada menor frequência dos beneficiários do BF em relação a grupos de beneficiários de outros programas, como PETI, que pode estar apresentando efeito mais consistente, porém o resultado é positivo quando considerados os beneficiários do BF em relação ao grupo de não beneficiários nas regiões Sudeste/Sul e Nordeste; b) **evasão escolar**, observando-se menor evasão dos beneficiários do BF, sobretudo em relação ao grupo de não beneficiários; e c) **progressão**, identificando-se resultados positivos somente entre mulheres das regiões Sul e Sudeste em relação aos beneficiários de outros programas, mas o resultado foi negativo, indicando menor aprovação de crianças e adolescentes de família beneficiária do BF em relação, sobretudo, ao grupo de não beneficiários.

Analisando os resultados da pesquisa acima, Soares, Ribas e Osório (2007) ressaltaram que o BF teve impacto positivo sobre a frequência à escola, sendo a probabilidade de ausência ao mês de 3,6% menor entre crianças de famílias beneficiadas e a evasão era 1,6% maior entre crianças de famílias não beneficiadas. Todavia as crianças de famílias beneficiadas têm 4% de probabilidade maior de repetir de ano.

Os autores da pesquisa apontaram a necessidade de cautela na interpretação dos dados acima, lembrando que o simples fato de as crianças do BF estarem evadindo menos, ou seja, permanecendo no sistema escolar, pode estar levando a uma diminuição da aprovação

---

20. Um grupo de comparação que recebia transferência de outros programas de transferência de renda e outro que não recebia qualquer programa de transferência de renda.

num primeiro momento por se tratar de crianças com limites consideráveis no ambiente familiar. Por outro lado, lembraram que a permanência do aluno na escola não é suficiente para romper com o ciclo da pobreza, demandando um ensino de boa qualidade e outras atenções que só serão alcançadas com a melhoria geral das condições de vida das famílias.

A pesquisa Avaliação de Impacto do Bolsa Família (AIBF II), na sua segunda etapa realizada em 2009 pelo MDS para comparação de impactos do BF com resultados identificados numa primeira rodada realizada em 2005 (Brasil, 2012a),[21] ao focar na educação dos beneficiários do BF, considerou frequência e progressão escolar. Considerando a faixa etária de 6 a 17 anos de idade que frequentava escola no momento da pesquisa, em 2005 e em 2009, verificou que a distribuição da frequência escolar foi a mesma para o sexo masculino e feminino, alcançando 95% para crianças de 8 a 14 anos, com proporções ligeiramente menores para 6, 16 e 17 anos. Considerando a participação no BF, em 2005, os padrões de frequência escolar foram muito semelhantes entre beneficiários e não beneficiários, tanto para o sexo masculino como para o feminino. A conclusão foi que o impacto da participação no BF teve efeito positivo apenas na região Nordeste, onde a frequência escolar de crianças de 6 a 17 anos de

---

21. A pesquisa AIBF é um estudo longitudinal que contrasta famílias beneficiárias e não beneficiárias do BF. Foi realizada em 269 municípios de três macrorregiões: Nordeste, Norte Urbano + Centro-Oeste e Sul + Sudeste. Apresenta representatividade nacional, realizando sua primeira rodada em 2005 e a segunda em 2009. Emprega uma metodologia quase-experimental e técnicas de pareamento por escore de propensão. O objetivo foi entender o impacto do BF nas condições de vida das famílias beneficiárias considerando consumo, antropometria de crianças, vida escolar das crianças e condições de acesso à educação, saúde e mercado de trabalho. A primeira rodada em 2005 (AIBF I) foi realizada pela Fundação de Desenvolvimento da Pesquisa (FUNDEP)/CEDEPLAR/UFMG, que aplicou questionário em 15.426 domicílios de 24 Estados e 269 municípios, utilizando-se de uma amostra sorteada que contemplou beneficiários do BF; não beneficiários, mas inscritos no CadÚnico e não beneficiários e não inscritos no CadÚnico. As regiões Norte e Nordeste foram sobreamostradas, e as regiões Sudeste e Sul, subamostradas (Brasil, 2008a). Em 2009, como parte da pesquisa de seguimento (AIBF II), as mesmas famílias foram entrevistadas utilizando-se um instrumento de pesquisa quase idêntico. No total, foram entrevistados 74% dos domicílios (11.433) em relação aos entrevistados em 2005 (15.426). Essa segunda rodada foi realizada pelo acordo de cooperação técnica entre o MDS e o BM.

famílias beneficiárias foi de 19,9%, superior quando comparado com famílias não beneficiárias.

Sobre a progressão escolar, a conclusão foi de que as taxas de abandono foram bastante baixas até a idade de 13 anos, com elevação dos 14 aos 17 anos de idade, enquanto as taxas de progressão escolar oscilaram ligeiramente até os 13 anos, registrando queda a partir dos 14 até os 17 anos de idade. As taxas de reprovação escolar registraram maior incidência no primeiro ano, aos 7 anos de idade, seguindo com ligeiro declínio e mantendo-se praticamente constantes para as idades maiores. Quando considerada a vinculação com o BF, o abandono escolar, observado entre os meninos que informaram frequência à escola no ano anterior, foi muito semelhante para não beneficiários e beneficiários do Programa, enquanto para as meninas as taxas de abandono, progressão e repetição foram todas muito semelhantes para beneficiários e não beneficiários do BF. O impacto positivo foi em relação à progressão de ano para a faixa etária de 6 a 17 anos de famílias beneficiárias, sendo registrados 6% maior quando comparadas com crianças da mesma faixa etária em famílias não beneficiárias. Foi ainda registrada redução na probabilidade de repetição escolar, particularmente entre as meninas.

Pesquisa realizada em 2009 pela Datamétrica, Consultoria, Pesquisa e Telemarketing para avaliação do impacto dos programas sociais administrados pelo MDS no Vale do Jequitinhonha/MG, não encontrou evidências sobre diferenças significativas entre os grupos de beneficiários e não beneficiários pesquisados quanto ao comparecimento às aulas de crianças e jovens de 6 a 17 anos, não verificando também elevação das matrículas escolares (Brasil, 2009a). Já Faustino et al. (2012), em estudo sobre o impacto do BF na melhoria do acesso à educação e aprendizagem nas comunidades indígenas *Kaingand* e Guarani, no Paraná, registraram aumento da permanência de crianças indígenas na escola, com declínio das faltas ocasionais em períodos de coleta de matérias-primas e vendas de artesanato nas cidades do entorno. Todavia, o estudo não apresentou conclusão quanta à aprendizagem.

Ainda sobre os possíveis impactos do BF na educação, Ceccbini e Madriaga (2011), ao considerarem inúmeros estudos que identificaram mudanças em relação aos indicadores de capacidades humanas produzidas pelos programas de transferência de renda na América Latina e Caribe, destacaram não haver informação conclusiva em relação aos objetivos finais de desenvolvimento humano como aprendizagem, ficando os efeitos na educação concentrados no aumento da matrícula escolar, principalmente nos países onde os níveis de referência eram mais baixos.

No Brasil, no que pese os avanços registrados, com destaque à universalização do Ensino Fundamental, podemos verificar que a educação brasileira encontra-se ainda distante dos padrões dos países desenvolvidos, destacando entre as deficiências: o déficit da oferta educacional nos primeiros anos de vida, a desvantagem dos mais pobres em relação ao sistema educacional e as deficiências de qualidade do ensino brasileiro em todos os níveis.

3.2.6 O BF e a saúde

Na pesquisa desenvolvida pelo Cedeplar/UFMG (2007),[22] citada anteriormente, foram verificados os dois itens no campo da saúde definidos como condicionalidades: vacinação de crianças de 0 a 6 anos de idade e pré-natal de mulheres grávidas (10 a 49 anos, grávidas na data da pesquisa).

Em relação à cobertura vacinal, em geral, os beneficiários do BF não apresentaram situação de melhor cobertura considerando os dois grupos de comparação, exceto para a posse do cartão da criança.

---

22. Em termos metodológicos, a avaliação do BF foi realizada em amostra de três estratos de domicílios: domicílios com famílias beneficiárias do programa (*casos*); domicílios com famílias cadastradas no CadÚnico, mas ainda não beneficiárias (*controle 1*), e domicílios sem famílias beneficiárias ou cadastradas (*controle 2*), com representatividade regional, coleta realizada em novembro de 2005. São resultados preliminares — resultado da análise da linha de base.

Assim, o estudo revelou que as diferenças na proporção de crianças vacinadas são desfavoráveis ou não significativas para as crianças de famílias beneficiárias do BF, tanto em relação a crianças beneficiárias de outros programas como em relação a crianças não beneficiárias de programas de transferência de renda. A hipótese indicada é de que o acesso dos beneficiários do BF aos serviços de saúde é dificultado por residirem em áreas de menor densidade demográfica e piores condições de acesso aos serviços de saúde, todavia, este aspecto demandaria um estudo mais específico.

Quanto ao pré-natal, foi considerada a gestante que realizou o número de consultas mínimo condicionado ao mês da gestação na data da pesquisa, sendo identificada uma cobertura bastante pequena, inferior a 5% do número total de mulheres. Os resultados não foram estatisticamente representativos para nenhum dos dois grupos de comparação, mesmo quando estimado para o Brasil como um todo para qualquer corte de renda.

Analisando os serviços prestados na área da educação e principalmente na saúde, Suárez e Libardoni (2007)[23] consideram que esses serviços deixaram muito a desejar, sendo que 44% dos beneficiários do BF avaliaram esses serviços como ruins ou péssimos. Ademais, apontaram a ausência de vagas para matrícula escolar em alguns municípios; dificuldade de acesso de transporte para a escola, sendo que nos municípios visitados as famílias beneficiárias do BF não têm prioridade na oferta dos serviços de saúde e educação.

A pesquisa MDS (Brasil, 2012b), já referenciada (AIBF II), também investigou o bem-estar das crianças considerando sua saúde, a partir do peso de recém-nascido e aleitamento materno, antropometria e vacinação. Entre as conclusões, ressaltou que, em 2009, o peso médio ao nascer das crianças com até um ano de idade com mães beneficiárias do BF era de 3,26 kg, e somente 8% de recém-nascidos tinham

---

23. Trata-se de um artigo elaborado a partir de informações provenientes de um estudo realizado em dez municípios, quatro predominantemente rurais e seis outros municípios heterogêneos em relação à localização geográfica, trajetória histórica e padrões socioculturais. Foram Informantes da pesquisa mulheres e agentes governamentais.

baixo peso ao nascer (inferior a 2,5 kg). Concluiu ainda que a proporção de crianças que nasceram a termo (gestação de pelo menos 38 semanas) foi de 88% para não beneficiárias e de 91% para filhos de beneficiárias do BF, com 95% das crianças sendo amamentadas. A proporção dos filhos de beneficiárias que eram amamentados de maneira exclusiva (pelo menos durante os seis primeiros meses de vida) era 8% maior em relação às crianças de mães não beneficiárias: 61%, em comparação com 53%.

Sobre a antropometria, com referência nos padrões antropométricos da Organização Mundial de Saúde (OMS), a pesquisa identificou a prevalência de desnutrição aguda e crônica[24] para as crianças com menos de 5 anos de idade, tanto em 2005 como em 2009. Foi, porém, verificada uma redução da prevalência de desnutrição crônica entre 2005 e 2009, de modo que o predomínio de desnutrição crônica entre crianças de mães que recebiam os benefícios do BF diminuiu de 15% para 10%, o mesmo ocorrendo entre crianças de domicílios não beneficiários do BF. Portanto, não foram revelados efeitos do BF sobre a desnutrição crônica e o baixo peso, todavia ocorreu efeito positivo do Programa sobre a desnutrição aguda e ao Índice de Massa Corporal (IMC).

A vacinação foi considerada na pesquisa AIBF II em relação ao calendário do esquema vacinal no primeiro ano de vida, pela sua importância protetora. Nesse aspecto, foi verificado que a proporção de crianças com até 6 anos de idade que, entre 2005 e 2009, ainda não tinham recebido nenhuma vacina caiu de 21% para 18%, ocorrendo ligeira tendência de maior incidência entre as crianças de famílias beneficiárias do BF, com destaque à região Nordeste. Ainda, considerando a adesão ao programa de imunização de 6 a 12 meses de vida, verificou-se que o percentual de adesão em 2005 de crianças com até 6 meses de idade de famílias beneficiárias foi 5% superior ao dos não beneficiários (37% *versus* 32%). Já em 2009, o percentual entre famílias

---

24. A desnutrição crônica (definida para as crianças pelo indicador altura para idade) é um problema de desnutrição passada, enquanto a desnutrição aguda (definida com indicador de peso com a altura) se refere a um problema de desnutrição atual.

beneficiárias caiu para 33%, permanecendo estável entre os não beneficiários, enquanto o percentual de vacinação em dia aos 12 meses caiu, respectivamente, para 2,3% e 3,6% para beneficiários e não beneficiários, em 2005, e 5,1% para ambos os grupos, em 2009. Conclui-se, portanto, que os dados não indicaram impactos significativos no esquema vacinal entre 2005 e 2009 no grupo de crianças de 6 a 12 meses beneficiárias comparado com grupo de não beneficiárias.

Estudo amplamente divulgado (Rasella et al., 2013), sobre os efeitos dos programas de transferência de renda na mortalidade infantil em crianças abaixo de 5 anos em municípios brasileiros no período 2004-2009, evidenciou que uma combinação desses programas pode contribuir largamente para a diminuição da mortalidade em geral, em particular, no caso de mortes atribuídas por causas relacionadas à pobreza, como má nutrição e diarreia[25]. Dados ressaltam que, no período pesquisado, o Brasil saiu de uma taxa de mortalidade infantil de 21,7 mortes em cada mil nascidos, em 2004, para 17,5% óbitos, em 2009, significando uma queda de 19,4%, sendo que a queda no número de mortes por desnutrição e doenças diarreicas foi, respectivamente, de 58,2% e 46,3%, portanto, bem mais acentuada. Nesse contexto, os resultados do estudo destacaram que a contribuição do BF chegou a 17% no período 2004 a 2009, com repercussão direta maior na queda da mortalidade de crianças quando a causa era relacionada com a segurança alimentar, responsável pela diminuição de 65% das mortes causadas por desnutrição e por 53% dos óbitos causados por diarreia. Foi ainda destacado que os índices de queda foram mais relevantes em municípios com maior cobertura do BF e quando a cobertura total da população alvo foi por quatro anos ou mais. Em decorrência, o estudo também

---

25. O estudo procurou verificar o efeito do BF no índice de mortalidade infantil em crianças abaixo de 5 anos nos municípios brasileiros. Foi realizada em 2.853 municípios, utilizando uma abordagem longitudinal e focando as causas da mortalidade associadas com a pobreza, como desnutrição, diarreia e infecções respiratórias, a partir da potencialidade de alguns mecanismos como vacinação, cuidados pré-natal e internação hospitalar. Foram utilizadas diferentes fontes de dados e selecionados os municípios com maior cobertura do BF em relação com as famílias elegíveis, conforme os critérios do Programa, e a população total.

constatou a diminuição de internação hospitalar, a elevação da cobertura vacinal e das visitas de pré-natal.

3.2.7 O BF e a autonomia das mulheres

Preferencialmente, o BF transfere o benefício para a mulher residente no domicílio, considerada responsável pela família, ou seja, a mulher é preferencialmente a pessoa de referência da família para o programa, sob a justificativa de que a transferência dos recursos para as mulheres aumenta o seu *empoderamento*, propiciando-lhe maior autonomia decisória na família e com melhor qualidade na aplicação dos recursos para os filhos.

Medeiros, Britto e Soares (2007, p. 22) consideram que não parece neutro do ponto de vista das relações de gênero a mulher ser a responsável pela administração dos recursos recebidos do BF:

> [...] tende a favorecê-las, especialmente no que diz respeito às relações de poder no interior do ambiente doméstico. É razoável considerar que ainda que não seja suficiente para alterar completamente as relações de gênero solidamente consolidadas, receber as transferência e controlar sua utilização pode ter efeitos na distribuição de autoridade familiar, possibilitando às mulheres maior poder de barganha e maior capacidade de fazer escolhas e decisões alocativas.

As mulheres afirmaram após o recebimento do benefício do BF que se sentiam mais independentes financeiramente (48,8%), que aumentou seu poder de decisão em relação ao dinheiro da família (39,2%) e que passaram a comprar fiado ou a crédito (34%) (Instituto Brasileiro de Análises Sociais e Econômicas, 2008, p. 15), sendo, porém, verificado pouco investimento do BF em políticas complementares que possibilitassem mais condições de inserção da mulher no mercado de trabalho (Instituto Brasileiro de Análises Sociais e Econômicas, 2008, p. 16). Aliás, foi constatado que é pouco expressiva a integração do BF com outras políticas, além de dificuldades de acesso das famílias em outros programas sociais (Instituto Brasileiro de Análises Sociais e Econômicas, 2008, p. 17).

Estudo desenvolvido por Suárez e Libardoni (2007), citado acima, destacou que das 1.290 atividades realizadas pelo conjunto das beneficiárias do BF apenas 7,3% se relacionavam com trabalho remunerado; somente 26,5% destas disseram desenvolver atividades de sociabilidade, sendo 60,5% atividades realizadas sozinhas e 60,1% predominantemente realizadas dentro de casa. Fora a casa, os espaços mais indicados foram a escola e a igreja. Revelaram conhecimento superficial do programa e disseram perceber o benefício como uma ajuda para aquisição de bens necessários à sobrevivência, considerada a única proteção certa da família.

Em resumo, o estudo apontou três impactos na condição social das mulheres beneficiárias: a) visibilidade das beneficiárias enquanto consumidoras, percebidas pelos comerciantes como clientes confiáveis; impacto na condição de vida, sem se estender ao âmbito da firmação concreta da cidadania; b) afirmação da autoridade dessas mulheres no espaço doméstico, não se podendo, porém, afirmar que houve mudança na relação de gênero (fazer escolha e negociar sua autoridade no âmbito doméstico); percepção das mulheres de serem parte da cidadania brasileira (necessidade de obter documentos de identidade gerou grandes mudanças na percepção que as mulheres tinham, ou melhor, não tinham, de serem cidadãs).

Pesquisa realizada no Instituto Ações de Gênero, Cidadania e Desenvolvimento (AGENDE) e Núcleo de Estudos e Pesquisas sobre a Mulher, da Universidade de Brasília (NEPEM/UnB), coordenada por Suárez e Rodrigues (2006, p. 2),[26] orientou-se pelo pressuposto de que "[...] as mulheres tendem a fazer um melhor uso da renda, isto é, tendem a utilizá-la em prol do bem-estar do núcleo familiar, principalmente de seus membros mais vulneráveis, como as crianças".

---

26. Pesquisa qualitativa composta por um conjunto de estudos de casos em dez municípios brasileiros, distribuídos em estados das regiões Sudeste, Norte e Nordeste, selecionados com base nos seguintes critérios: diferentes índices de desenvolvimento humano municipal (alto e baixo); alto percentual de não brancos na população; alto percentual de cobertura do BF e proporção de população urbana e rural.

Para conhecimento desse aspecto foi realizada a pesquisa *Bolsa Família e enfrentamento das desigualdades de gênero*, cujas conclusões destacaram os seguintes aspectos:

a) **Características das beneficiárias:** 84,8% eram nativas e residiam no município onde se realizou a pesquisa; 86,96% se declararam pretas ou pardas, e 46% dos grupos domésticos eram estruturas familiares monoparentais femininas;

b) **Efeitos e percepções sobre o programa:** visibilidade das beneficiárias como consumidoras; afirmação da autoridade das mulheres no espaço doméstico, mais pela capacidade de compra suscitada pelo benefício do que por mudanças nas relações de gênero tradicionais; mudanças da percepção das beneficiárias sobre si próprias como cidadãs; percebiam o programa como uma grande ajuda para aquisição de bens necessários à sobrevivência e para o melhor cumprimento de sua responsabilidade de cuidar das crianças, considerando o dinheiro *certo* em contraposição aos ganhos incertos de trabalhos informais e instáveis; o benefício significava para elas a possibilidade de expansão da maternagem, contribuindo para melhor desempenho no cuidar de crianças;

c) **Sociabilidade:** o estudo verificou o isolamento social dessas mulheres, por sua exclusão do mercado de trabalho, pelos espaços limitados de sua circulação: a maioria de suas atividades era desenvolvida no espaço da casa e da vizinhança e as atividades de lazer concentravam-se em eventos domésticos (ver televisão, dormir ou descansar), enquanto as atividades de sociabilidade mais frequentes ficavam restritas a visitas a parentes e amigos. Com menor frequência, indicaram brincar com os filhos e passear nas ruas, nas praças e nos parques.

As falas de beneficiárias do BF levantadas com mais frequência em grupos focais na pesquisa FAPEX/UFBA (2006)[27] revelaram

---

27. A pesquisa FAPEX/UFBA (2006) utilizou-se de dois grupos focais compostos por mulheres com filhos de dois a quatro anos, beneficiárias do BF, selecionadas aleatoriamente por agentes comunitários de saúde atuantes num município baiano.

considerar o BF uma *ajuda importante* e o acesso ao crédito uma possibilidade nova de consumir no comércio estabelecido, podendo significar símbolo de *status*. Ademais, o estudo revelou que a segurança do acesso regular do benefício do BF parece estar mobilizando outros hábitos de consumo, além da melhoria da qualidade da alimentação, como a compra de mobiliário. Assim, o acesso a uma renda mínima parece possibilitar participação no mercado local para realização de pequenos projetos de consumo, contribuindo para a elevação da autoestima e de uma pequena, mas importante, ascensão social. Por outro lado, foi considerado que, ao conceder a titularidade do benefício à mulher, está contribuindo para tornar possível o exercício do papel protetor sobre o crescimento e a saúde dos filhos.

Ainda sobre possíveis impactos do BF na autonomização das mulheres beneficiárias, estudo de Rêgo e Pinzani (2013)[28] apontou importantes conclusões: todas as mulheres entrevistadas registraram mudanças relevantes em sua vida material, embora muitas considerassem baixo o valor do benefício, mas quase todas afirmaram preferir um trabalho regular; a quase totalidade das mulheres considerou ser melhor o cartão em seu nome do que no do marido, justificando que a mulher cuida melhor do dinheiro, sabe mais do que a família precisa e é capaz de fazer compras mais econômicas; cerca de 75% afirmaram que o BF é um favor do governo ou uma ação porque o presidente Lula foi pobre e sabe o que é a vida na pobreza; pouco

---

28. A pesquisa foi realizada durante 5 anos (2006-2011). Buscou apreender certos sentidos de mudanças morais e políticas observadas em mulheres pobres pelo recebimento do BF; procurou destacar o impacto do BF na *subjetividade* das pessoas, verificando os graus de autonomização alcançados e os potencializados pelo recebimento da transferência monetária. Foram realizadas 150 entrevistas abertas e longas, orientadas por um roteiro com a audição atenta da fala livre, conversas repetidas, seguidas de longas reflexões para captar mudanças. As entrevistadas foram moradoras de áreas rurais ou de pequenas cidades do interior: alto sertão e zona litorânea de Alagoas; Vale do Jequitinhonha/MG; algumas localidades do interior do Piauí e do interior do Maranhão; bairros muito pobres da periferia de São Luís/MA e do Recife/PE. Os grupos das questões abordadas foram: composição do núcleo familiar; uso do dinheiro do BF; opinião sobre o Programa e seus efeitos em suas vidas; atitude das entrevistadas perante a política e o exercício do voto.

mais da metade das entrevistadas afirmou votar só por obrigação, mas todas reconheceram ter votado no presidente Lula por ele ter sido o presidente que mudou muito suas vidas.

O estudo evidenciou a importância de uma renda monetária regular no processo de autonomização das mulheres entrevistadas, expressando-se na seguinte hipótese: "[...] a renda monetária recebida através do BF pode criar e ampliar os espaços pessoais de liberdade dos sujeitos, trazendo-lhes, consequentemente, mais possibilidade de autonomização da vida em geral" (Rêgo e Pinzani, 2013, p. 362) e considerando que "[...] sem algum nível de autonomização moral e política não se pode falar de cidadania" (Rêgo e Pinzani, 2013, p. 365).

Na perspectiva de autonomização, os resultados do estudo destacaram ainda as seguintes mudanças: início da superação da cultura de resignação, com possibilidades morais de libertação da opressão conjugal, muito raras nas regiões pobres e atrasadas do Brasil marcadas pelos rígidos controles familiares sobre as mulheres. Foi destacada elevada aprovação geral sobre o Programa pelas beneficiárias, embora tenham considerado que a renda recebida é insuficiente para melhorias na vida e o BF era para a grande maioria o único rendimento monetário a que tinham acesso e, em vários casos, foi a primeira experiência regular de obtenção de rendimento na vida.

Em síntese, os estudos apresentados destacaram que os impactos do BF sobre as mulheres responsáveis legais pela família no Programa apontaram para incremento na autonomia dessas mulheres e na dinâmica familiar, para sua maior visibilidade social, principalmente como consumidoras, e na sua percepção como cidadãs, não chegando a alterar as relações de gênero, por ser esta uma questão para além do alcance de um programa social. Todavia, os estudos não mencionaram que o BF impacta sobre o aumento da responsabilidade da mulher na família, destacando-se a responsabilização posta pela exigência do cumprimento das condicionalidades. A mulher termina ficando responsável pelos êxitos e fracassos do grupo familiar, sem que para isso conte com o apoio e condições necessárias.

3.2.8 A gestão municipal do BF: importância da instituição do IGD

Um passo importante para a melhoria da gestão do BF nos municípios foi a instituição do Índice de Gestão Descentralizada (IGD),[29] mediante o qual o MDS repassa recursos para os municípios.

Com a publicação da Medida Provisória n. 462/2009, em 15 de maio de 2009, foi alterada a Lei n. 10.836, de 9 de janeiro de 2004, que criou o BF, passando o IGD a ser garantido por lei. Nesse sentido, o IGD visa a oferecer mais condições para a gestão municipal do BF e garantir maior segurança aos gestores no planejamento das ações e na aplicação dos recursos (Brasil, 2009b).

O MDS repassa recursos financeiros para Estados e municípios para apoiar a gestão descentralizada do BF desde 2005, ampliando a capacidade de gestão e de implementação das atividades sob a responsabilidade de Estados e municípios. Assim, o IGD, segundo a Medida Provisória n. 462/2009, passou a ter como objetivos: medir os resultados da gestão descentralizada considerando a gestão dos procedimentos de cadastramento, gestão de benefícios e condicionalidades; incentivar a obtenção de resultados qualitativos da gestão estadual, distrital e municipal do programa (Brasil, 2009b).

As taxas que compõem o IGD para servir de base para o cálculo do montante de recursos a ser transferido aos entes federativos a título de apoio financeiro, são: taxa de cadastros válidos no perfil de meio salário-mínimo; taxa de cadastros atualizados no perfil de 1/2 salário-mínimo; taxa de acompanhamento de saúde e taxa de acompanhamento da frequência escolar.

Para receber o recurso o município deve alcançar um valor mínimo de 0,55 no IGD e de 0,2 em cada uma das taxas acima, devendo

---

29. O IGD foi instituído em abril de 2006, por meio da Portaria GM/MDS n. 148, de 27 de abril de 2006, e serve para verificar a qualidade da gestão municipal do Programa BF, principalmente nos quesitos cadastro e gestão de condicionalidades. Estes componentes são fundamentais para a boa execução do Programa: dados desatualizados e imprecisos no CadÚnico podem causar falhas no foco das ações e pagamentos indevidos, dificultando o acompanhamento das condicionalidades e tornando mais complexa a gestão de benefícios. O IGD é utilizado para o cálculo dos recursos financeiros repassados pelo MDS aos municípios para apoiar a gestão descentralizada do BF.

o município ter aderido formalmente ao BF e estar habilitado na gestão da assistência social.

A Medida Provisória referida, ainda, propõe o aperfeiçoamento do controle social e a transparência na utilização dos recursos do IGD, permitindo que os recursos transferidos para os municípios possam ser utilizados em ações de gestão de condicionalidades; gestão de benefícios; acompanhamento das famílias beneficiárias; cadastramento de novas famílias e atualização dos dados do CadÚnico para Programas Sociais (CadÚnico); implementação de programas complementares para famílias beneficiárias do BF; fiscalização do BF e do CadÚnico e controle social do BF no município. Todavia, Estados e municípios tem autonomia para definir em que aplicarão os recursos do IGD.

O processamento para concessão do IGD foi revisto mediante a Portaria n. 256, de 19 de março de 2010. Por essa Portaria, o MDS estabeleceu critérios e procedimentos para transferência de recursos financeiros aos Estados (Índice de Gestão Descentralizada Estadual — IGD-E). O objetivo é dotar os estados de condições materiais adequadas para realização das atividades de gestão estadual do BF, sendo necessário aderir, formalmente, ao BF; designar coordenador estadual responsável; constituir Coordenação Intersetorial do BF (CIPBF), com representação do governo estadual nas seguintes áreas: Assistência Social, Educação, Saúde, Planejamento e Trabalho, devendo também aderir ao SUAS. Para tal, a Portaria n. 256/2010 estabelece que os recursos transferidos aos Estados pelo MDS deverão ser usados em ações de apoio técnico e operacional aos seus municípios no âmbito do BF e do CadÚnico para Programas Sociais, destinando pelo menos 3% dos recursos recebidos a atividades de apoio técnico e operacional às respectivas instâncias estaduais de controle social do BF.

Os recursos financeiros repassados pelo MDS aos municípios são calculados a partir das informações do IGD-M, resultando, segundo a Portaria n. 754/2010, da multiplicação de quatro fatores:

- Fator I: média aritmética das taxas de acompanhamento da frequência escolar e da agenda de saúde, de cobertura qualificada de cadastros e de atualização cadastral;

- Fator II: adesão ao SUAS;
- Fator III: informação da comprovação dos gastos do IGD-M ao Conselho Municipal de Assistência Social (CMAS);
- Fator IV: informação da aprovação total da comprovação dos gastos dos recursos do IGD-M pelo Conselho Municipal de Assistência Social.

O cálculo do IGD-M se efetiva através da seguinte fórmula: IGD-M = FI x FII x FIII x FIV, com variação de 0 (zero) a 1 (um), de modo que, quando qualquer um dos fatores for igual a 0 (zero), o IGD-M será 0 (zero), não havendo repasse do recurso referente ao mês em que o cálculo do índice teve esse valor. O IGD-M apurado é multiplicado pelo valor de referência de R$ 2,50 (dois reais e cinquenta centavos) e pela quantidade de famílias beneficiárias incluídas na folha de pagamento do BF do mês anterior ao do mês de referência do cálculo, até o limite da estimativa de famílias pobres no município, publicada pelo MDS. Ou seja: Valor a Receber = (IGD-M) x (R$ 2,50) x (número de famílias beneficiárias na folha). Foram ainda estabelecidos vários incentivos financeiros, representados por percentuais do valor do IGD-M, tais como: incentivo proporcional ao acompanhamento das famílias beneficiárias em situação de descumprimento de condicionalidades (3%); pelo atendimento de prazos fixados pela SENARC (3%); alcance de 100% dos dados atualizados referentes à gestão municipal há menos de um ano (2%); pela apresentação de pelo menos 96% de cartões entregues na data de apuração do IGD-M (2%).

3.3 Conclusão

Nesta conclusão são levantados aspectos que venho considerando relevantes para uma análise crítica problematizadora dos programas de transferência de renda, vistos a partir de duas dimensões: uma mais geral que se refere à realidade desses programas no contexto latino-americano e uma mais específica que considera a realidade do BF, o maior programa de transferência de renda do Brasil, da América Latina e do mundo.

3.3.1 Questões gerais sobre os programas de transferência de renda

Em termos gerais, um panorama do que na América Latina vem sendo denominado de programas de transferência de renda condicionados e focalizados na pobreza e na extrema pobreza, evidencia, a partir da última década do século passado, no contexto da reestruturação produtiva da economia e sob a orientação da ideologia neoliberal, profundas transformações no campo das políticas sociais. Nesse âmbito, o destaque mais marcante é atribuído à interrupção de um processo em curso pela universalização de direitos sociais, produto da luta social, com a substituição de políticas e programas universais por programas focalizados na pobreza e na extrema pobreza.

Embora essa incursão venha propiciando maior visibilidade da pobreza, as determinações estruturais geradoras da pobreza e da desigualdade social são desconsideradas. Essa postura, que tem orientado as políticas sociais no continente, vem contribuindo para estabelecer o risco de limitar a reflexão e a intervenção social a melhorias imediatas de condições de vida dos pobres, servindo tão somente para manter e controlar a pobreza, bem como para potencializar a legitimação do Estado. Cria-se um estrato de pobres que se reproduz no nível da sobrevivência, sendo instituída a ilusão de que o problema da pobreza será resolvido pela Política Social.

O bem-estar social, direito inalienável de todo cidadão, sustentável, coletivo e universal, é colocado sob a responsabilidade dos indivíduos e das famílias, recaindo principalmente sobre a mulher a obrigação de administrar a família com valores monetários insuficientes para a aquisição da cesta básica.

É essa lógica que sustenta a prevalência dos programas de transferência de renda na América Latina e no Brasil, substituindo serviços por transferência monetária, tendo o foco nas famílias pobres e extremamente pobres, a quem é requerido o cumprimento de condicionalidades no campo da educação e da saúde.

Nesses termos, os programas de transferência de renda revivem a orientação da teoria do capital humano, a partir da qual o atendimento, mesmo que precário e de baixa qualidade, da educação e da saúde se apresenta como suficiente para romper com o ciclo vicioso da pobreza de famílias que, individualmente, devem se responsabilizar pela manutenção de seus filhos em escolas e pela ida aos postos de saúde, sem a devida atenção na expansão, democratização e melhoria dos serviços oferecidos. Ademais, tem-se um espaço propício para sustentação de uma concepção, subjacente aos programas de transferência de renda que dissemina, na sociedade e até em instituições e entre segmentos do pessoal responsável pela implementação desses programas, o falso moralismo da dependência, do desestímulo ao trabalho e da obrigatoriedade de as famílias cumprirem condicionalidades.

3.3.2 Questões específicas do BF

Sobre questões específicas do BF é importante considerar os problemas estruturais do programa; potencialidades e defasagens da focalização em famílias pobres e extremamente pobres e potencialidades e limites dimensionados pelos impactos do BF nas famílias beneficiárias.

Considero que o BF, objeto de reflexão no presente texto, constitui-se no principal e mais abrangente programa de proteção social no Brasil na atualidade, reconhecido como importante programa direcionado para redução da desigualdade e da pobreza. Todavia, o BF apresenta problemas estruturais relevantes que limitam a inclusão de segmentos pobres e reduzem as possibilidades de impactos mais significativos sobre a redução dos índices de desigualdade e pobreza no país.

Entre os problemas estruturais merece destaque a adoção do critério somente da renda para definição dos pobres e extremamente pobres a serem incluídos no BF. Esse critério, além de não considerar o caráter multidimensional da pobreza, fixa para inclusão uma renda *per capita* familiar muito baixa, deixando de fora muitas famílias que vivenciam extremas dificuldades. Ademais, o benefício monetário transferido para as famílias é extremamente baixo para produzir impactos positivos na ultrapassagem da linha de pobreza por parte dessas famílias. Outra limitação estrutural do BF é sua frágil articulação com uma política macroeconômica que garanta um crescimento econômico sustentável e uma redistribuição de renda mais equitativa, além da necessidade de garantia de articulação mais efetiva entre o benefício monetário transferido para as famílias e seu acesso a serviços sociais básicos e a ações nas áreas de educação, saúde e trabalho, de modo a oportunizar àquelas pessoas autonomização, ou seja, condições de independência em relação ao Programa, conforme objetivo contemplado no desenho do próprio BF.

Sobre a questão da potencialidade e defasagem da focalização do BF na população-alvo, parto do conceito de focalização como "[...] direcionamento de recursos e programas para determinados grupos populacionais, considerados vulneráveis no conjunto da sociedade" (Silva, 2001, p. 13). Nesse sentido, ressalto, inicialmente, dificuldades para o desenvolvimento de mecanismos e critérios justos e capazes de alcançar toda a população-alvo de um determinado programa, sendo, no caso brasileiro, agravado pelo tamanho do território, diversidade das realidades econômica, social e política dos municípios, além da cultura patrimonialista, do favor e do desvio, com tendências ao favorecimento de parentes, amigos e correligionários (Silva e Lima, 2009, p. 8).

Partindo dessa referência, estudos do IBGE e cadernos especiais referentes às PNADs (2004 e 2006), identificaram a concentração de famílias atendidas no Nordeste, a região mais pobre do país, destacando também os seguintes indicadores de boa focalização: as famílias beneficiárias apresentaram, significativamente, menor rendimento domiciliar médio mensal; maior número de moradores por domicílios; condições muito inferiores em relação ao esgotamento sanitário, à coleta de lixo, à posse de telefone e de bens duráveis; menos trabalhadores com carteira assinada; menos anos de escolaridade; maior índice de analfabetismo; predominância de pretos e pardos entre as pessoas de referência do domicílio. Todavia, os mesmos estudos revelaram o nível de defasagem na focalização dos programas de transferência de renda em termos de exclusão de famílias com rendimentos dentro dos critérios de elegibilidade e inclusão de outras que seguramente apresentaram renda *per capita* familiar acima dos mesmos critérios.

Esse aspecto vem sendo enfrentado a partir de 2013 com a adoção da estratégia *busca ativa* pela qual a equipe técnica do BF vem desenvolvendo esforço de identificação, alcance e inclusão no Programa de famílias que, por algum motivo, como falta de informação ou outras dificuldades, mesmo atendendo aos critérios de elegibilidade, não procuram o Programa. Trata-se de uma estratégia do programa de não ficar esperando, mas de ir em busca dos que precisam ser atendidos.

Quando considerados os alcances e limites dimensionados pelos impactos, foram destacados: a contribuição do BF para a realidade socioeconômica dos municípios brasileiros; o impacto para a redução da desigualdade e da pobreza no Brasil; para a segurança alimentar e nutricional das famílias beneficiárias; os possíveis impactos na área do trabalho, da educação e da saúde da população beneficiária, bem como possíveis impactos sobre as mulheres, consideradas, preferencialmente, representantes da família junto ao programa.

As informações e dados de diversas pesquisas permitem considerar que a natureza e o nível dos impactos do BF nas famílias beneficiárias são limitados ao atendimento de necessidades imediatas, sem possibilitar a introdução de mudanças mais profundas no padrão de vida dessas famílias. Apesar dos limitados impactos produzidos, se ponderarmos a necessidade de superação da pobreza, considero que o principal mérito do BF é contribuir para a ultrapassagem da Política de Assistência Social enquanto uma política emergencial, situando-a enquanto uma política pública de Estado, embora o BF ainda não tenha se transformado, de fato, num direito.

O exposto revalida a contribuição do referencial desenvolvido por Castel (1999), que considera dois grupos de políticas: *políticas de inserção* como aquelas que apenas atuam sobre os efeitos do disfuncionamento social, sem alterar os processos geradores da situação identificada, e *políticas de integração*, representadas por políticas mais gerais, de caráter preventivo e não só reparadoras. Considerando esse referencial, os programas de transferência de renda são voltados para uma inclusão precária e marginal, por serem orientados pela focalização na população pobre ou extremamente pobre, desconsiderando as determinações mais gerais e estruturais de sua situação de pobreza. Com esses limites estruturais, as políticas de inserção contribuem para a inclusão de pessoas e famílias nos processos econômicos de produção e de consumo, todavia essa inclusão é marginal e precária, como já foi destacado, servindo sobretudo para manter, reproduzir e controlar a pobreza.

Finalmente, há que se destacar que, apesar de todos os limites dos programas de transferência de renda, apresentados e problematizados neste texto, a contribuição de programas como o BF é de significativa relevância para as famílias e as pessoas beneficiadas, por constituírem possibilidades concretas de melhoria de condições imediatas de vida de grande parte da população que, muitas vezes, não dispõe de qualquer renda.

Referências

ARAÚJO, Cleonice Correia et al. Relação entre pobreza e trabalho no Brasil: expressão de seus dilemas na Política de Assistência Social. In: JORNADA INTERNACIONAL DE POLÍTICAS PÚBLICAS, 4., *Anais*..., São Luís, PPGPP/UFMA, 2009.

BARROS, Ricardo Paes de et al. *A queda recente da desigualdade no Brasil*. Rio de Janeiro: IPEA, 2007a. (Texto para Discussão, n. 1.258.). Disponível em: <www.ipea.gov.br>.

BARROS, Ricardo Paes de et al. *A importância da queda recente da desigualdade na redução da pobreza.* Rio de Janeiro: IPEA, 2007b. (Texto para Discussão, n. 1.256.) Disponível em: <www.ipea.gov.br>.

_____ et al. *Uma análise das principais causas da queda recente na desigualdade de renda brasileira.* Rio de Janeiro: IPEA, 2006. (Texto para Discussão, n. 1.203.) Disponível em: <www.ipea.gov.br>.

BRANDÃO, André; DALT, Salete da; GOUVÊA, Victor Hugo. *Segurança alimentar e nutricional entre os beneficiários do Programa Bolsa Família.* Brasília: MDS, 2007.

BRASIL. Ministério de Desenvolvimento Social e Combate à Fome. *Caderno de orientações e legislação do Programa Bolsa Família e Cadastro Único.* Brasília, 2012a.

_____. Datamétrica Consultoria, Pesquisa e Telemarketing. *Pesquisa para Avaliação do Impacto dos Programas Sociais Administrados pelo MDS no Vale do Jequitinhonha-MG.* Brasília: 2009a (Sumário Executivo). Disponível em: <http://aplicacoes.mds.gov.br/sagirmps/simulacao/sum_executivo/pg_principal.php?url=programa_new>. Acesso em: 10 jun. 2013.

_____. Secretaria de Avaliação e Gestão da Informação. *Avaliação de impacto do Bolsa Família.* Brasília, 2007.

_____. *Avaliação de Impacto do Programa Bolsa Família — 2ª Rodada (AIBF II):* ficha sumário executivo. Brasília, 2012b. Disponível em:<http://aplicacoes.mds.gov.br/sagirmps/simulacao/sum_executivo/pg_principal.php?url=programa_new>. Acesso em: 10 jun. 2013.

_____. Presidência da República. Medida Provisória n. 462, de 15 de maio de 2009. Dispõe sobre a prestação de apoio financeiro pela União aos entes federados que recebem recursos do Fundo de Participação dos Municípios — FPM, no exercício de 2009, com o objetivo de superar dificuldades financeiras emergenciais, e dá outras providências. Brasília, 2009b.

CARNEIRO, Annova Míriam Ferreira. *A centralidade da família no Programa Bolsa Família*: análise referenciada no programa em São Luís. 2009. 203 f. Tese (Doutorado em Políticas Públicas) — Programa de Pós-Graduação em Políticas Públicas, Universidade Federal do Maranhão, São Luís, 2010.

CASTEL, Robert. *As metamorfoses da questão social*: uma crônica do salário. Petrópolis: Vozes, 1999.

CECCBINI, Simone; MADARIAGA, Aldo. *Programas de Transferencia Condicionadas*: balance de la experiencia reciente en América Latina y el Caribe. Santiago: Naciones Unidas, 2011. (Cuadernos de la CEPAL, n. 95.)

CENTRO DE DESENVOLVIMENTO E PLANEJAMENTO REGIONAL DE MINAS GERAIS. Universidade Federal de Minas Gerais. *Avaliação de impacto do Bolsa Família*. Brasília: MDS, 2007.

CHEDIEG, Jorge. *Relatório Indicadores de Desenvolvimento Brasileiro*. Brasília: PNUD Brasil, 2012. Disponível em: <https://www.mds.gov.br>.

FAUSTINO, Rosângela Celia et al. *O impacto do Programa Bolsa Família (PBF) na melhoria do acesso à educação e aprendizagem em comunidades indígenas Kaingang e Guarani no Paraná*. Brasília: SAGI/MDS, 2012. (Ficha Técnica). Disponível em: <http://aplicacoes.mds.gov.br/sagirmps/simulacao/sum_executivo/pg_principal.php?url=programa_new>. Acesso em: 10 jun. 2013.

FLORÊNCIO, Telma Maria de Menezes Toledo (Coord.). *Perfil Nutricional de Beneficiários do Programa Bolsa Família Moradores de Favelas em Maceió — AL*. Brasília: SAGI/MDS, 2011. (Ficha Técnica). Disponível em: <http://aplicacoes.mds.gov.br/sagirmps/simulacao/sum_executivo/pg_principal.php?url=programa_new>. Acesso em: 10 jun. 2013.

FUNDAÇÃO DE APOIO A PESQUISA E EXTENSÃO. Universidade Federal da Bahia. Escola de Nutrição. *Avaliação do impacto epidemiológico e social do Programa Bolsa Família em município baiano*: sumário executivo. Brasília: SAGI, abr./out. 2006.

FURTADO, Bernardo Alves. *Índice de Vulnerabilidade das Famílias 2000-2010*: resultados. Brasília, n. 1835, maio 2013. (Texto para Discussão.) Disponível em: <www.ipea.gov.br>.

HOFFMAN, Rodolfo. Transferências de renda e desigualdade no Brasil (1995-2011). In: CAMPELO, Tereza; NERI, Marcelo Cortês (Orgs.). *Programa Bolsa Família*: uma década de inclusão e cidadania. Brasília: IPEA, 2013. p. 207-16.

INSTITUTO BRASILEIRO DE ANÁLISES SOCIAIS E ECONÔMICAS. *Repercussões do Programa Bolsa Família na segurança alimentar e nutricional das famílias beneficiadas*: documento síntese. Rio de Janeiro, jun. 2008.

INSTITUTO BRASILEIRO DE GEOGRAFIA E ESTATÍSTICA. *Pesquisa Nacional por Amostra de Domicílios 2004*: aspectos complementares de educação e Transferência de Renda de Programas Sociais. Rio de Janeiro, 2006.

INSTITUTO BRASILEIRO DE GEOGRAFIA E ESTATÍSTICA. *Pesquisa Nacional por Amostra de Domicílios 2006*. Rio de Janeiro, 2007.

_____. *Pesquisa Nacional por Amostra de Domicílios 2007*. Rio de Janeiro, 2008. Disponível em: <http://www.ibge.gov.br>. Acesso em: 10 jun. 2013.

INSTITUTO DE PESQUISA ECONÔMICA APLICADA. *Desigualdade e pobreza no Brasil metropolitano durante a crise internacional*: primeiros resultados. Brasília, n. 25, ago. 2009. (Comunicação da Presidência.)

_____. *Mudanças recentes na pobreza brasileira*. Brasília, n. 111, set. 2011. (Comunicados do IPEA.)

_____. *Pobreza e riqueza no Brasil metropolitano*. Brasília, n. 7, ago. 2008. (Comunicação da Presidência.)

_____. *Previdência e assistência social:* efeitos no rendimento familiar e sua dimensão nos estados. Brasília, n. 58, 2010. (Comunicado do Presidente.) Disponível em: <http//:www.ipea.gov.br>.

JESUS, Andréa Cristina Santos de. *O Programa Bolsa Família:* impactos econômicos, socioculturais e políticos em pequenos e médios municípios do Rio Grande do Norte/Brasil. 2011. 231 f. Tese (Doutorado em Políticas Públicas) — Programa de Pós-Graduação em Políticas Públicas, Universidade Federal do Maranhão, São Luís, 2011.

KERSTENETZKY, Célia Lessa. *Políticas sociais:* focalização ou universalização? Niterói: UFF/Economia, n. 180, 2005. (Textos para Discussão.)

MARQUES, Rosa Maria. A importância do Bolsa Família nos municípios brasileiros. *Cadernos de Estudos Desenvolvimento Social em Debate*. 2. ed. Brasília, MDS, n. 1, 2005.

_____ et al. *Discutindo o papel do Programa Bolsa Família na decisão das Eleições Presidenciais Brasileiras de 2006*. São Paulo: Núcleo em Pesquisa para o Desenvolvimento Humano do Programa de Estudos Pós-graduados em Economia Política/PUC-SP, 2007. (Mimeo.)

_____ et al. *O Bolsa Família e o BPC*: cobertura e importância nos municípios. Brasília: MDS, 2006. (Mimeo.)

MEDEIROS, Marcelo; BRITTO, Tatiana; SOARES, Fábio. *Programas Focalizados de Transferência de Renda no Brasil:* contribuições para o debate. Brasília, n. 1283, jun. 2007. (Texto para Discussão.) Disponível em: <www.ipea.gov.br>.

OLIVEIRA, Luis Felipe Batista de; SOARES, Sergei S. D. *O que se sabe sobre os efeitos das transferências de renda sobre a oferta de trabalho*. Rio de Janeiro, 2012. (Texto para Discussão, n. 1.738.) Disponível em: <www.ipea.gov.br>. Acesso em: 10 jun. 2013.

PEREIRA, Potyara Amazoneida P. *Porque também sou contra à focalização das políticas sociais*. Brasília, 2003. (Mimeo.)

PRIORE, Silvia Eloiza (Coord.). *Capacidade Preditiva na Escala Brasileira de Insegurança Alimentar (EBIA) para Identificar Riscos de Vulnerabilidade Social e Biológica do Programa Bolsa Família no Município de Viçosa-MG*. Brasília: SAGI/MDS, 2011. (Ficha Técnica). Disponível em: <http://aplicacoes.mds.gov.br/sagirmps/simulacao/sum_executivo/pg_principal.php?url=programa_new>.

RASELLA, Davide et al. Effect of conditional cash transfer Programme on Childhood Mortality: a nationwide analysis of Brazilian municipalities. *The Lancet*, Oxford, Elsevier, v. 382, n. 9.886, p. 57-64, jul. 2013.

RÊGO, Walquíria Domingues Leão; PINZANI, Alessandro. Liberdade, dinheiro e autonomia: o caso do Programa Bolsa Família. In: CAMPELO, Tereza; NERI, Marcelo Cortês (Orgs.). *Programa Bolsa Família:* uma década de inclusão e cidadania. Brasília: IPEA, 2013. p. 359-66.

SILVA, Maria da Conceição Monteiro da et al. *Programa Bolsa Família e segurança alimentar das famílias beneficiárias:* resultados para o Brasil e regiões. Brasília: MDS, 2007.

_____; SILVA, Maria Ozanira da Silva e (Coord.). *O Comunidade Solidária:* o não enfrentamento da Pobreza no Brasil. São Paulo: Cortez, 2001.

_____; LIMA, Valéria Ferreira Santos de Almada. O Bolsa Família: a centralidade do debate e da implementação da focalização nas famílias pobres e extremamente pobres no Brasil. In: SEMINARIO LATINOAMERICANO DE ESCUELAS DE TRABAJO SOCIAL, 19., *Anais*..., 2009, Guayaquil: Alaets, outubro 2009. (Mimeo.)

SOARES, Fabio Veras et al. *Programas de transferência de renda no Brasil:* impactos sobre a desigualdade e a pobreza. Brasília: IPEA, 2006. (Texto para Discussão, n. 1.228.) Disponível em: <www.ipea.gov.br>.

_____; RIBAS, Rafael Peres; OSÓRIO, Rafael Guerreiro. *Avaliando o impacto do Programa Bolsa Família:* uma comparação com programas de transferência condicionada de renda de outros países. Brasília: MDS, 2007.

SOARES, Sergei. *Distribuição de renda no Brasil de 1976 a 2004 com ênfase no período entre 2001 e 2004*. Brasília: IPEA, 2006. (Texto para Discussão, n. 1.166.) Disponível em: <www.ipea.gov.br>.

_____ et al. *Programas de transferência condicionada de renda no Brasil, Chile e México*: impacto sobre a desigualdade. Brasília: IPEA, 2007 (Texto para Discussão, n. 1.293.) Disponível em: <www.ipea.gov.br>.

SOUZA, Pedro H. G. F. de.; OSÓRIO, Rafael G.; SOARES, Sergei S. D. *Uma metodologia para simular o Programa Bolsa Família*. Brasília, n. 1654, ago. 2011. (Texto para Discussão.) Disponível em: <www.ipea.gov.br>.

SUÁREZ, Mireya; LIBARDONI, Marlene. *O impacto do Programa Bolsa Família*: mudanças e continuidades na condição social das mulheres. Brasília: MDS, 2007.

_____; RODRIGUES, Marlene Teixeira. *O Programa Bolsa Família e enfrentamento das desigualdades de gênero*: Sumário Executivo. Brasília: AGENDE; NEPEM/UnB, 2006.

4

Resultados de estudo empírico sobre o processo de unificação dos programas de transferência de renda:
a mediação do Bolsa Família

Maria Ozanira da Silva e Silva
Valéria Ferreira Santos de Almada Lima

4.1 Introdução

Neste capítulo apresentamos os resultados de uma pesquisa sobre o BF realizada mediante a aplicação de questionários, via internet, junto a gestores do programa em foco, atuantes em uma amostra de municípios brasileiros selecionados de acordo com os critérios descritos na introdução da presente coletânea, de modo que do total de questionários encaminhados tivemos o retorno de 245, cujos resultados são aqui apresentados e problematizados.

O questionário aplicado foi estruturado considerando os seguintes aspectos: identificação do questionário, dos procedimentos para seu preenchimento e identificação do programa; a unificação dos programas federais, estaduais e municipais de transferência de renda preexistentes ao BF; condições de que o município dispõe para implementar o BF; canais de divulgação do BF no município; autonomização das famílias beneficiárias; rede de serviços sociais no município para onde são encaminhadas as pessoas das famílias beneficiárias; possíveis contribuições do BF e outros programas de transferência de renda para a redução da pobreza no país; fatores que facilitam e que dificultam o processo de implementação do BF no município e levantamento de críticas e sugestões. Ressaltamos que a maioria das questões apresentadas permitiu mais de uma resposta.

Quanto ao procedimento adotado pelos gestores para o preenchimento do questionário, foi predominante a realização de reunião com a equipe de trabalho, o que ocorreu em 64,9% dos municípios pesquisados, seguindo-se de respostas escritas formuladas pela equipe (26,9%) e respostas escritas formuladas por alguns integrantes da equipe, individualmente (15,1%), o que demonstra a predominância da utilização de procedimentos coletivos, fazendo com que a resposta ao questionário tenha representado uma oportunidade de reflexão do grupo de técnicos responsáveis pela implementação do BF nos municípios.

Gráfico 9
Procedimentos utilizados para preenchimento do questionário

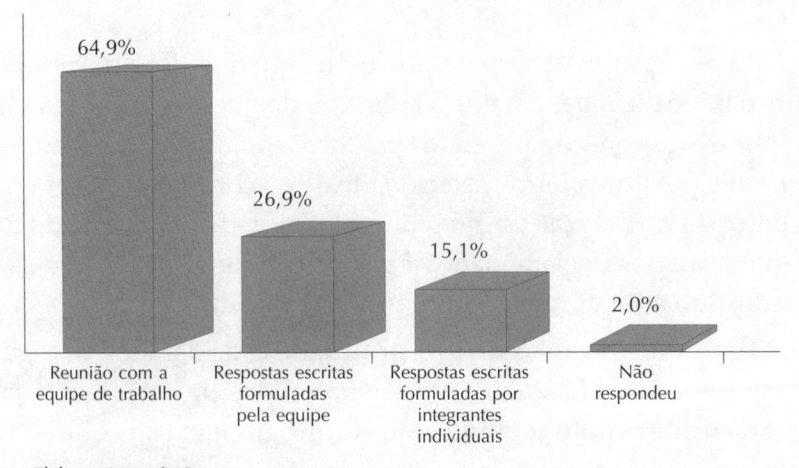

Procedimento	Percentual
Reunião com a equipe de trabalho	64,9%
Respostas escritas formuladas pela equipe	26,9%
Respostas escritas formuladas por integrantes individuais	15,1%
Não respondeu	2,0%

Fonte: Elaboração própria.

4.2 A unificação dos programas de transferência de renda mediada pelo Bolsa Família

A primeira dimensão abordada na pesquisa referiu-se à unificação dos programas federais, estaduais e municipais de transferência de renda, destacando-se como primeiro indicador os programas que estavam sendo desenvolvidos no município na ocasião da assinatura do termo de adesão para implementação do BF. Em relação a esta questão, três programas sobressaíram como os mais frequentemente implementados nos municípios da amostra, em ordem de importância: o Bolsa Escola (presente em 98,8% dos municípios), o Vale Gás (presente em 95,5% dos municípios) e o Bolsa Alimentação (presente em 81,2% dos municípios). Os demais programas citados com menor frequência foram: o PETI (39,6%), o Programa Estadual (23,7%), o Cartão Alimentação (22,9%) e o Programa Municipal (13,1%). Essas respostas indicaram a relevância da presença nos municípios dos quatro programas incluídos para unificação na proposta inicial do BF, além da indicação do PETI, que foi posteriormente integrado ao BF.

Ainda em relação ao processo de unificação, um segundo indicador considerado foi o encaminhamento adotado entre a equipe do município e o MDS para a assinatura do termo de adesão do município ao BF, destacando-se, entre as distintas alternativas apontadas, o preenchimento, assinatura e envio do termo de adesão ao MDS, mencionado por 73,3% dos municípios. Ficou demonstrado que esse processo de unificação foi considerado essencialmente no seu aspecto burocrático. Mesmo assim, registrou-se a incidência muito pequena da indicação do gestor (3,7%) e da criação de instância de controle social (1,6%), sendo esses os três aspectos exigidos para efetivação da unificação nos municípios. Nesse sentido, não foi praticamente mencionado algum esforço de discussão para preparação dos municípios para levar a cabo esse processo.

Quando perguntados sobre como se deu a migração dos programas de transferência de renda federais, estaduais e municipais em

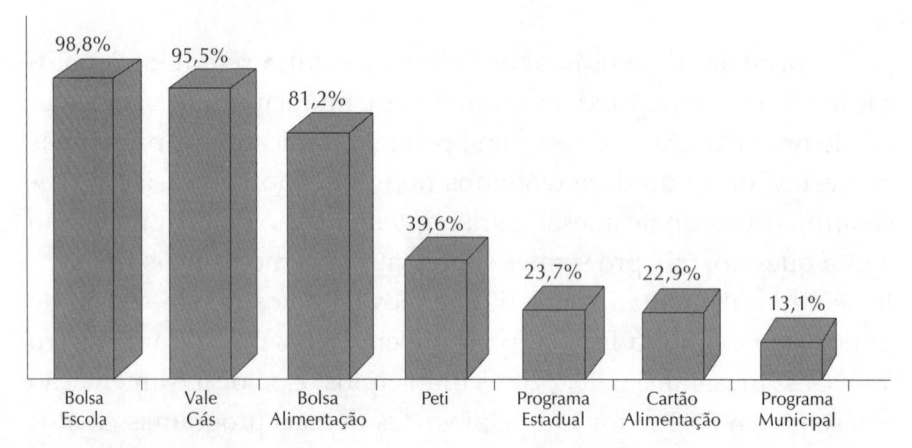

Gráfico 10
Programas preexistentes ao Bolsa Família

Bolsa Escola	Vale Gás	Bolsa Alimentação	Peti	Programa Estadual	Cartão Alimentação	Programa Municipal
98,8%	95,5%	81,2%	39,6%	23,7%	22,9%	13,1%

Fonte: Elaboração própria.

implementação no município para o BF, as respostas mais frequentes foram as de que tal migração aconteceu mediante o CadÚnico (atualização do cadastro das famílias) com indicação de 36,2% dos municípios e de modo gradativo (23,7% dos municípios), seguidas das respostas de que o processo se encontrava em andamento quando responderam ao questionário (17,2% dos municípios) e de que a migração se deu conforme os procedimentos indicados pelo MDS (16,6% dos municípios). Vale ainda ressaltar que a referida migração já havia sido concluída em 75,9% dos municípios pesquisados, sendo que este processo se desenvolveu em um período de até seis meses em 17,6% dos municípios e de sete a doze meses em 26,5% dos municípios. Em apenas 15,8% dos municípios o processo de migração durou mais de doze meses. Portanto, tratou-se de um processo complexo, exigindo dos municípios grande empenho e envolvimento.

Outro indicador considerado na pesquisa referiu-se ao mecanismo utilizado para convocação das famílias neste processo de migração, sobressaindo o rádio como o meio de divulgação adotado em 60% dos municípios, além de outros mecanismos citados com menor frequência, tais como: recado no recebimento do benefício (37,1%), carta/telegrama (33,1%), jornal (29%), alto-falante (27,3%) e televisão (20,8%).

Gráfico 11
Mecanismos utilizados para convocação das famílias no processo de migração para o Bolsa Família

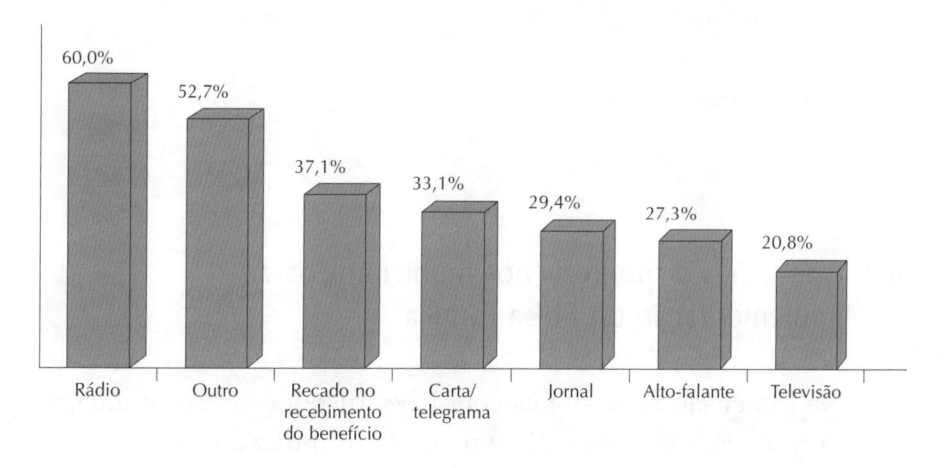

Mecanismo	%
Rádio	60,0%
Outro	52,7%
Recado no recebimento do benefício	37,1%
Carta/telegrama	33,1%
Jornal	29,4%
Alto-falante	27,3%
Televisão	20,8%

Fonte: Elaboração própria.

Finalmente, ainda no tocante ao processo de migração dos programas de transferência de renda para o BF, importa ressaltar que a reação das famílias foi de total aprovação em 50,6% dos municípios da amostra e de aprovação parcial em 48,6%, não tendo sido registradas situações de desaprovação total, o que demonstra ter sido esse processo considerado como positivo para as famílias beneficiárias.

Gráfico 12
Reação das famílias à imigração para o Bolsa Família

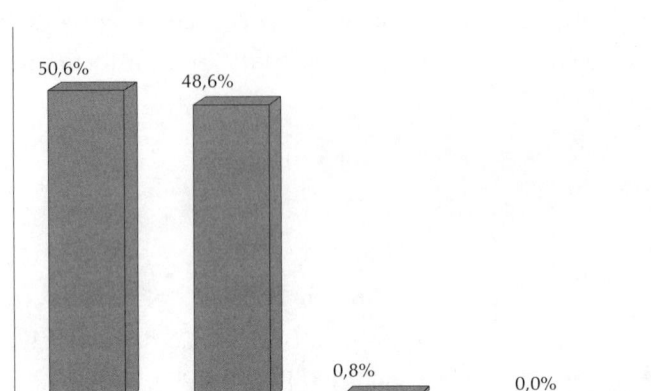

- Aprovação total: 50,6%
- Aprovação parcial: 48,6%
- Não respondeu: 0,8%
- Desaprovação total: 0,0%

Fonte: Elaboração própria.

4.3 Condições disponíveis nos municípios para implementação do Bolsa Família

Na dimensão referente às condições disponíveis no município para a implementação do BF, um primeiro indicador considerado relacionou-se à estrutura gerencial. Quanto a este aspecto, observou-se que em 71,4% dos municípios o programa em estudo estava vinculado à Secretaria Municipal de Assistência Social ou correlata, seguindo-se da indicação do Departamento de Ação Social (14,7%), e com menores incidências são apontados: Secretaria Municipal de Educação, Secretaria Municipal de Saúde, ambas essas secretarias, Secretaria de Cidadania, Secretaria da Família e Desenvolvimento Comunitário e o Gabinete do prefeito. O importante é que se verificou que o BF é alocado nas estruturas das administrações municipais, evidenciando claramente a vinculação do programa com a Política de Assistência Social.

Gráfico 13
Secretaria de vinculação do Bolsa Família nos municípios

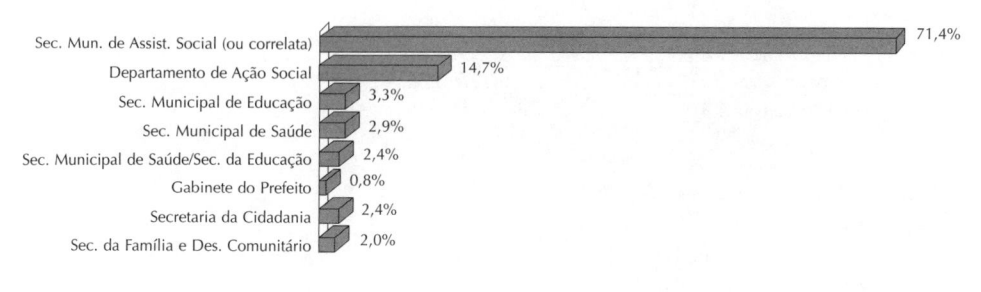

- Sec. Mun. de Assist. Social (ou correlata): 71,4%
- Departamento de Ação Social: 14,7%
- Sec. Municipal de Educação: 3,3%
- Sec. Municipal de Saúde: 2,9%
- Sec. Municipal de Saúde/Sec. da Educação: 2,4%
- Gabinete do Prefeito: 0,8%
- Secretaria da Cidadania: 2,4%
- Sec. da Família e Des. Comunitário: 2,0%

Fonte: Elaboração própria.

No que se refere ao setor de coordenação do BF, o Gráfico 14 destaca novamente a Secretaria Municipal de Assistência Social, com 27,8% de indicação dos municípios, seguindo-se o Departamento de Ação Social (15,9%), Setor Bolsa Família ou coordenação do BF (12,6%), Ação Social (6,5%), CRAS e coordenação do CadÚnico (3,7%), entre outros. Esses dados reafirmam a análise anterior vinculando predominantemente o BF à Política de Assistência Social.

Ainda em relação às condições disponíveis para a implementação do BF, um segundo indicador destacado na pesquisa referiu-se à estrutura física. Neste particular, verificou-se que a grande maioria dos municípios (82,5%) dispunha de apenas uma sala de espera para atendimento do público-alvo, sendo que, para o desenvolvimento de todas as atividades relacionadas à implementação do programa, 40,8% possuíam apenas uma sala, 34,7% dispunham de duas salas e 12,7% contavam com três salas, enquanto um percentual insignificante de municípios declarou possuir quatro salas ou mais na estrutura física destinada ao desenvolvimento do programa. Ademais, quando interrogados sobre a existência de outras dependências utilizadas pelo BF, 26,5% responderam negativamente, 26,1% citaram a sala do CRAS, 24,5% indicaram outra sala sem especificar. Foram ainda referidas outras alternativas com menor frequência, destacando-se, dentre elas,

Gráfico 14
Setor responsável pela coordenação do Bolsa Família nos municípios

Setor	%
Sec. Mun. de Assistência Social	27,8%
Depart. de Ação Social	15,9%
Setor Bolsa Família	10,2%
Outro	8,2%
Ação Social	6,5%
CRAS	6,5%
Depart. de Programas Sociais	6,1%
Cadast. Único Bolsa Família	5,7%
Coordenação do CadÚnico	3,7%
Coord. do Prog. Bolsa Família	2,4%
Divisão de Convênios	1,2%
Coord. de Transf. de Renda	1,2%
Seção de Promoção Social	1,2%
Não respondeu	1,2%
Não há	0,8%
Administrativo	0,8%
Proteção Social Básica	0,4%

Fonte: Elaboração própria.

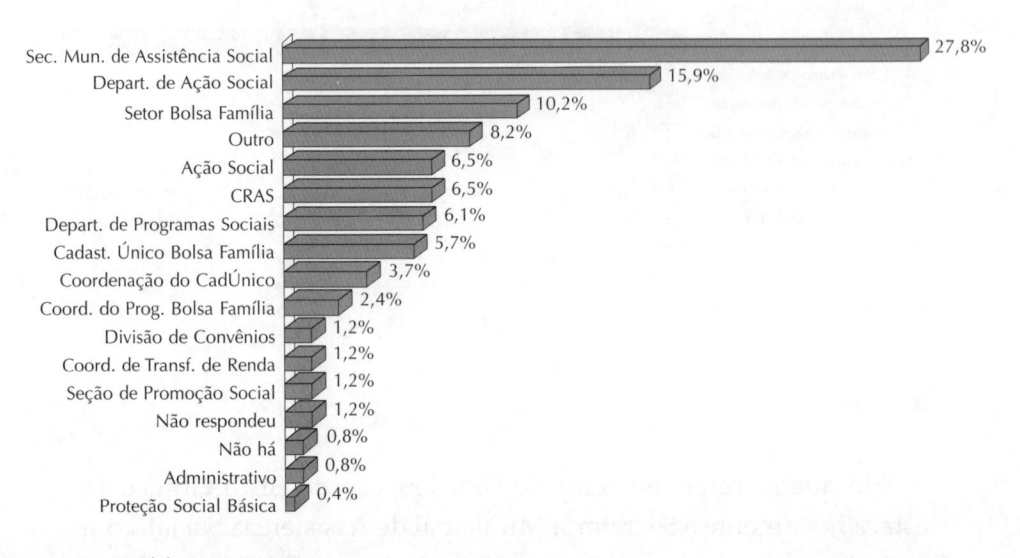

salas da Secretaria de Educação (9,4%), salas da Secretaria de Saúde (9,4%), banheiros (8,2%), salão para reuniões (6,9%), guichês de atendimento (5,7%) etc. Nesse aspecto, o que se identificou foi uma diversidade significativa no que se refere ao espaço físico disponibilizado para implementação do BF nos municípios. Alguns dispunham de condições de espaço físico satisfatórias, com espaço para recepção das famílias e espaços para cadastramento e realização de outras atividades pertinentes, todavia, na maioria dos municípios, o espaço físico disponibilizado era ainda restrito e insuficiente.

No que se refere à estrutura de recursos humanos, constatou-se que em 69,8% dos municípios o quadro de pessoal que atuava diretamente no BF era compartilhado com outros programas, dispondo de quadro próprio para o desenvolvimento do programa apenas 24,5% dos municípios pesquisados.

Gráfico 15
Quadro de pessoal do Bolsa Família nos municípios

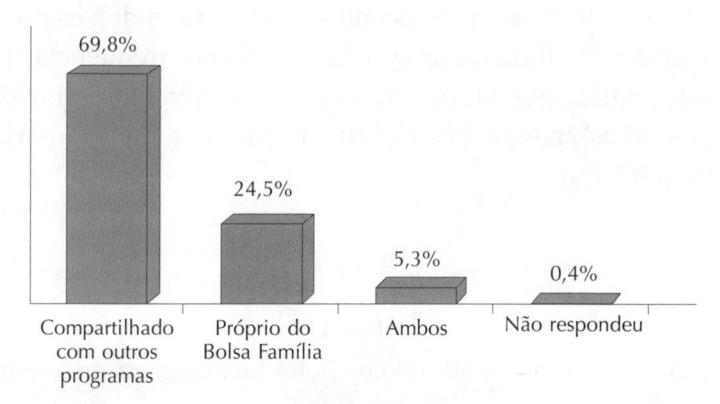

- Compartilhado com outros programas: 69,8%
- Próprio do Bolsa Família: 24,5%
- Ambos: 5,3%
- Não respondeu: 0,4%

Fonte: Elaboração própria.

Considerando-se a distribuição do pessoal que trabalha no BF segundo o tempo de dedicação, verificou-se que 67,8% dos profissionais possuíam carga horária semanal de 40 horas, 17,3% trabalhavam 20 horas e 14,9% dedicavam 30 horas ao programa.

Gráfico 16
Distribuição do pessoal trabalhando no Bolsa Família, segundo o tempo de dedicação

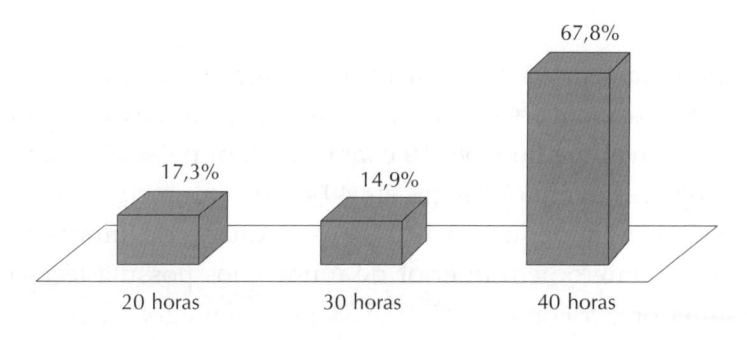

- 20 horas: 17,3%
- 30 horas: 14,9%
- 40 horas: 67,8%

Fonte: Elaboração própria.

Quanto à formação profissional do total de pessoal envolvido no BF, 23,9% eram profissionais de nível médio, 23,4% constituíam pessoal de apoio e 19,0% eram assistentes sociais. Além desses profissionais, trabalhavam ainda no programa com menor frequência auxiliares de informática (9,7%), outros técnicos de nível superior (9,4%), psicólogos (6,2%), pedagogos (5,5%) e técnicos de nível superior em computação (2,9%).

Gráfico 17
Distribuição do pessoal trabalhando no Bolsa Família, segundo a formação

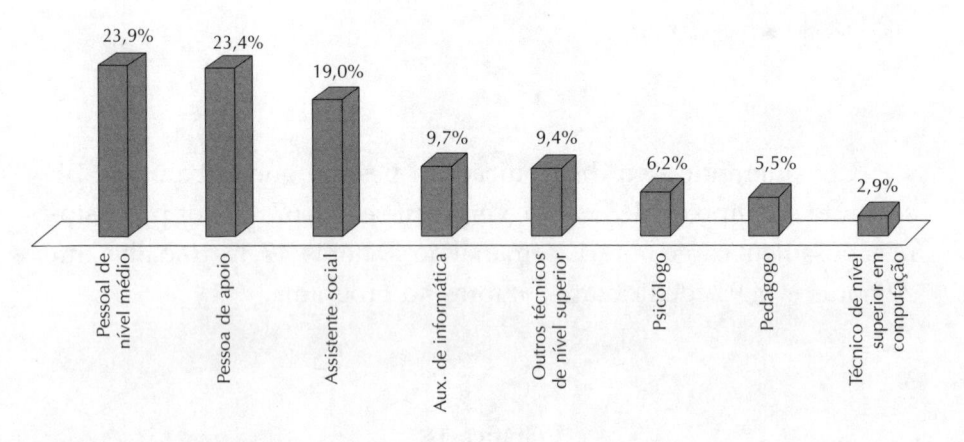

Pessoal de nível médio	Pessoa de apoio	Assistente social	Aux. de informática	Outros técnicos de nível superior	Psicólogo	Pedagogo	Técnico de nível superior em computação
23,9%	23,4%	19,0%	9,7%	9,4%	6,2%	5,5%	2,9%

Fonte: Elaboração própria.

Ainda em relação a este aspecto, observou-se que 93,5% dos municípios possuíam assistentes sociais em suas equipes, 78,8% tinham técnicos de nível médio e 58,8% contavam com pessoal de apoio. Já os psicólogos estavam presentes em 49,4% dos municípios, os outros técnicos de nível superior em 49,0% e os auxiliares de informática em 46,5%. Um número bem inferior de municípios possuía técnicos de nível superior em computação (25,3%) e pedagogos (23,7%) trabalhando em suas equipes.

Gráfico 18
Profissionais trabalhando no Bolsa Família, segundo
o percentual de municípios que os utilizam

Profissional	%
Assistente social	93,5%
Pessoal de nível médio	78,8%
Pessoal de apoio	58,8%
Psicólogo	49,4%
Outros técnicos de nível superior	49,0%
Aux. de informática	46,5%
Técnico de nível superior em computação	25,3%
Pedagogo	23,7%

Fonte: Elaboração própria.

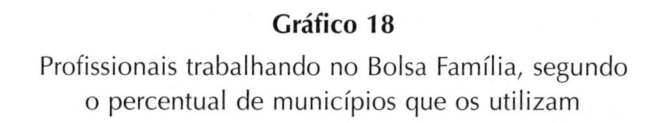

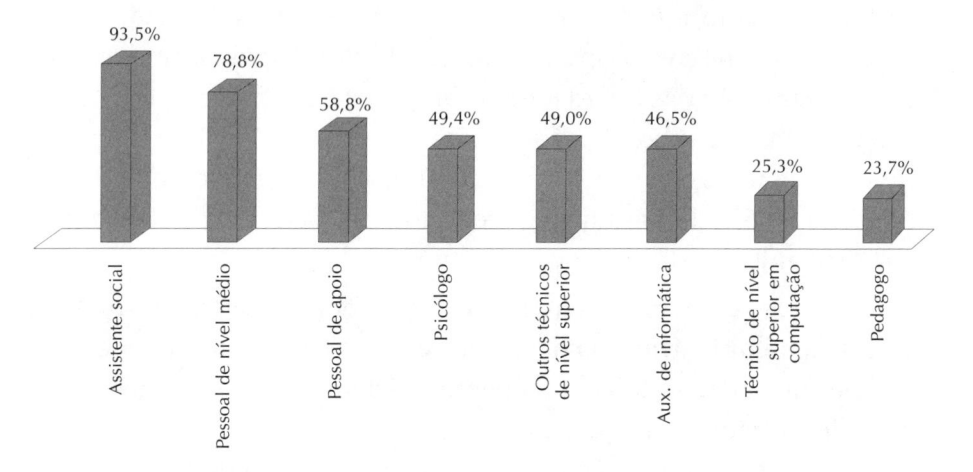

O quadro, composto de pessoal de nível superior, com destaque aos assistentes sociais, psicólogos e pedagogos, além do pessoal de nível médio, pessoal auxiliar e profissionais de informática, parece adequado na sua composição, não se podendo afirmar se adequado na capacitação específica para implementação do BF e em número suficiente para o atendimento de um amplo público considerando o caráter da presença massiva do BF nos municípios.

No que se refere à estrutura física disponível para a implementação do BF, um primeiro aspecto considerado diz respeito aos equipamentos e mobiliário existentes. Neste particular, constata-se que a grande maioria dos municípios (98,4%) dispunha de computador e 71,0% possuíam impressora, equipamentos absolutamente indispensáveis para o desenvolvimento do programa. Em termos de mobiliário, 71,8% contavam com cadeiras, 67,8% dispunham de mesa,

51,8% possuíam armário e 36,7% tinham arquivo. Além disso, registrou-se a existência de linha telefônica em apenas 34,7% dos municípios, enquanto somente 17,1% dispunham de fax, 8,2% possuíam ar-condicionado e 6,9% contavam com tevê. Por outro lado, um percentual expressivo de municípios (32,3%) não dispunha de veículos para a realização das atividades do BF e 56,3% possuíam apenas um veículo. Uma quantidade pequena de municípios (11,3%) dispunha de mais de um veículo a serviço do programa. Já a internet é acessível em 99,6% dos municípios, estando em fase de instalação no 0,4% restante.

No que se refere aos equipamentos disponibilizados nos municípios para implementação do BF, parece ser possível afirmar que são insuficientes para o desenvolvimento satisfatório dos trabalhos, merecendo destaque a pequena quantidade de telefone e de veículos, seguramente, fundamentais para o desenvolvimento do Programa.

No tocante aos recursos financeiros aplicados no BF no ano de 2006, 87,3% dos municípios disseram ter utilizado recursos federais, 54,7% recorreram também à fonte municipal, 2,0% lançaram mão de recursos estaduais e 3,7% recorreram a outras fontes de recursos, o que demonstra a dependência financeira do BF aos recursos federais e a pequena participação dos Estados no que se refere ao financiamento de programas que se situam no âmbito da Política de Assistência Social. Em relação ao montante de recursos federais utilizados, a maioria dos municípios (69,4%) diz ter empregado menos de R$ 100.000,00 no ano, sendo que em média os municípios pesquisados que responderam a esta pergunta aplicaram R$ 32.191,12 de recursos federais no ano. Já o montante de recursos estaduais aplicados correspondeu a menos de R$ 100.000,00 em 93,5% dos municípios e o valor médio ao ano empregado foi de R$ 4.972,19 de recursos estaduais, o que reafirma o comentário anterior. Enquanto isso, 77,6% dos municípios gastaram menos de R$ 400.000,00 de recursos municipais, sendo o montante médio aplicado proveniente desta fonte de recursos no ano da ordem de R$ 47.562,50. Finalmente, 93,5% dos municípios utilizaram menos de R$ 50.000,00 de outros recursos, correspondendo a R$ 3.169,79 o valor médio empregado de recursos de outras fontes.

Em termos de recursos financeiros orçados para o ano de 2007, em apenas 8,1% dos municípios havia a previsão de aplicar de R$ 100.000,00 a mais de recursos federais, sendo o valor médio de recursos a serem aplicados desta fonte correspondente a R$ 51.048,14. Quanto aos recursos estaduais, em 93,5% dos municípios estava previsto um gasto de menos de R$ 40.000,00 e um valor médio de R$ 2.109,29 de recursos estaduais a serem empregados neste ano. Em relação aos recursos municipais, estava orçado um gasto de menos de R$ 40.000,00 em 71,0% dos municípios, sendo o valor médio de recursos a ser investido desta fonte da ordem de R$ 67.341,70. Havia ainda a previsão de aplicação de menos de R$ 70.000,00 de outros recursos em 92,7% dos municípios pesquisados e de um valor médio de aplicação de R$ 4.627,97. Ademais, vale ressaltar que a grande maioria dos municípios investigados (89,4%) recebeu recursos do Fundo de Gestão Descentralizada (FGD) em 2006 e 2007, tendo sido destacada a importância deste fundo para possibilitar a compra de equipamentos e mobília (48,2% dos municípios), para a gestão do programa (41,2% dos municípios), para a melhoria do atendimento (31,0% dos municípios), para a realização de capacitação profissional (15,1% dos municípios), para a renovação do sistema de informática (11,8% dos municípios), dentre outros benefícios menos citados.[30]

---

30. Convém ressaltar que a questão sobre recursos financeiros foi objeto de dificuldade e até contradição nas respostas, devendo, portanto, ser considerada com reservas, mas oferece indicação sobre a origem dos recursos aplicados na gestão do BF, visto que a transferência monetária a título de benefício é remetida diretamente para a conta bancária do responsável pela família, predominantemente a mulher.

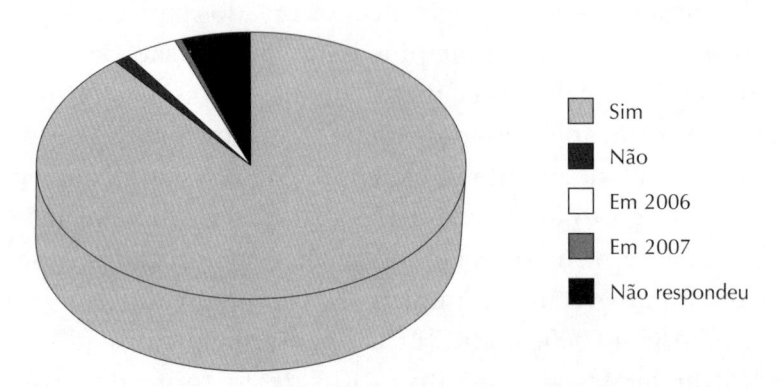

Gráfico 19
Municípios que declararam receber recursos do FGD

- Sim
- Não
- Em 2006
- Em 2007
- Não respondeu

Fonte: Elaboração própria.

4.4 Canais de divulgação, ações complementares, redes de serviços sociais e condicionalidades

Quando interrogados a respeito dos canais de divulgação do BF no município, a opção *boca a boca* foi referida por 75,4% dos municípios, destacando-se como o principal meio de divulgação do programa adotado pelos municípios. Em segundo lugar sobressai a alternativa do rádio (66,3% dos municípios), seguida de outros meios (61,8% dos municípios), jornal (41,2%), panfleto (42,2%), alto-falante (28,6%) e, por último, a televisão, citada em apenas 13,6% dos municípios.

Importa destacar também que estes canais de divulgação foram considerados satisfatórios, no sentido de alcançar as famílias, para a quase totalidade dos municípios (97,6%), o que foi justificado, principalmente, pelo fato de o município ser pequeno (24,9% dos municípios), de os meios de comunicação serem acessíveis (23,3% dos municípios), de as famílias procurarem os órgãos responsáveis

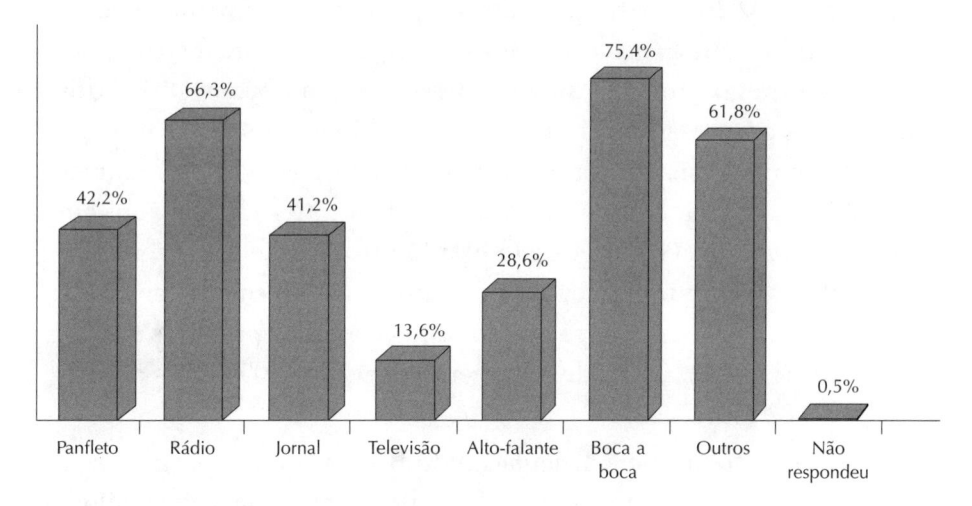

Gráfico 20
Canais de divulgação do Bolsa Família nos municípios

Panfleto	Rádio	Jornal	Televisão	Alto-falante	Boca a boca	Outros	Não respondeu
42,2%	66,3%	41,2%	13,6%	28,6%	75,4%	61,8%	0,5%

Fonte: Elaboração própria.

quando chamadas (19,6% das respostas), de a maioria da população ouvir a rádio do município (12,7% das respostas), para citar os motivos mais frequentes. O número inexpressivo de municípios que consideraram os canais de divulgação insatisfatórios atribuiu tal fato à insuficiência de verba para este fim (0,8% dos municípios), dentre outras razões apontadas.

Torna-se relevante destacar que o conhecimento sobre a existência do BF é massivamente verificado, o que não significa que a população tenha clareza dos aspectos fundamentais do programa, tais como: entendimento sobre a grande variedade do valor monetário transferido para as famílias e sobre o critério de elegibilidade para inclusão, que classifica as famílias em pobres e extremamente pobres.

Quanto às ações complementares desenvolvidas pelos municípios com vistas à autonomização das famílias beneficiárias, predominaram, em primeiro lugar, as palestras e ações socioeducativas (47,3% dos municípios), seguidas das ações de capacitação profissional (42,0% dos municípios). Vale ressaltar que em um número significativo de municípios (32,2%) nenhuma ação complementar era realizada com esse objetivo e que as ações voltadas ao empreendedorismo e à geração de emprego e renda estavam presentes em apenas 13,1% dos municípios pesquisados. Em um percentual inexpressivo de municípios foram mencionadas ainda outras capacitações (3,7%) e reuniões (1,2%) como ações complementares. Constatou-se ainda que, em média, no ano de 2006, foi desenvolvido um total de 2,4 ações complementares por município, sendo realizadas, em média, em cada município, 0,97 ações de capacitação profissional, 1,2 palestras e ações socioeducativas, 0,2 ações de empreendedorismo, 0,05 outras capacitações e 0,02 reuniões.

Convém notar que a articulação do BF com outros programas e ações é seguramente um aspecto de muita deficiência, o que coloca à prova a contribuição concreta oferecida a autonomização das famílias. Ademais, é importante considerar que as famílias pobres e extremamente pobres incluídas no BF apresentam deficiências estruturais de falta de informação, de baixo nível de instrução, entre outras limitações, que contribuem para a baixa possibilidade de autonomização dessas famílias, o que é ainda mais agravado considerando o baixo valor monetário que é transferido a título de benefício para estas famílias.

No que se refere ao público das ações de capacitação profissional, têm maior representatividade os jovens (17,6%), seguidos das mulheres (12,2%), dos adultos (11,4%) e dos adolescentes (11,0%). Ademais, 10,6% dos municípios citaram os beneficiários em geral como público-alvo das ações de capacitação profissional, 9,8% mencionaram a família, 3,3% apontaram as mães e 1,6% os responsáveis legais. Um percentual insignificante de municípios (1,6%) indicou os funcionários, gerentes ou diretores como público das ações de capacitação e apenas 0,4% mencionou os pais. Já para as palestras e ações socioeducativas sobressaíram, em primeiro lugar, as famílias como público atingido (17,6% dos municípios), seguidas das crianças e adolescentes (16,7%)

e jovens (13,1%). As famílias também constituíram o principal alvo das ações de empreendedorismo (3,7% dos municípios), assim como as mulheres (3,7%), valendo aqui a ressalva de que 86,9% dos municípios mencionaram que *nenhum* público é atingido por este tipo de ação complementar. Da mesma forma, em 98,8% dos municípios nenhum público era alcançado pelas reuniões e somente em 1,2% deles foram envolvidos os beneficiários em geral neste tipo de ação e em 0,4% tais reuniões foram dirigidas aos diretores de escola.

No tocante ao número de pessoas alcançadas pelas ações de capacitação profissional, em 88,2% dos municípios pesquisados tais ações atingiram menos de 300 pessoas, sendo a média de pessoas alcançadas por município correspondente a 102,2 pessoas. Já as palestras e ações socioeducativas envolveram menos de 500 pessoas em 82,9% dos municípios, destacando-se este tipo de ação como a que alcança maior público, com uma média de 252,4 pessoas por município. Por outro lado, as ações voltadas para o empreendedorismo beneficiaram um público de menos de 200 pessoas em 94,3% dos municípios, correspondendo a 32,9 o número médio de pessoas alcançadas por estas ações por município. As outras capacitações, por sua vez, só atingiram um público de menos de 100 pessoas em 98,0% dos municípios, sendo 8,2 a média de pessoas alcançadas por tais capacitações. Finalmente, as reuniões sobressaíram como a modalidade de ação complementar que beneficiou o menor público, já que em 98,8% dos municípios menos de 200 pessoas foram envolvidas e em média participaram de tais reuniões 7,3 pessoas por município.

Quando interrogados acerca da contribuição concreta das ações complementares desenvolvidas para a autonomização das famílias beneficiárias, os gestores apontaram, em primeiro lugar, a possibilidade de aperfeiçoamento de habilidades, mediante os cursos de capacitação profissional, com vistas à geração de trabalho e renda, ainda que seja no segmento informal da economia. Em segundo lugar, destacaram a contribuição de tais ações para a elevação da autoestima do público-alvo do programa, embora sem esclarecerem em que sentido este benefício poderia contribuir para a pretendida autonomização das famílias. Em terceiro lugar, sobressaiu a resposta de que as referidas ações ainda se mostram muito tímidas em razão de dificuldades, tais como a falta de recursos humanos e financeiros disponíveis para esta finalidade. Em quarto e quinto lugar, os gestores indicaram ainda, respectivamente, as perspectivas de melhoria da qualidade de vida e de inclusão social das famílias mediante a garantia de direitos a partir do desenvolvimento das ações complementares. Figuraram em sexto e sétimo lugar as respostas de que as ações complementares podem contribuir para o fortalecimento dos vínculos familiares e comunitários e para o aumento da frequência à escola, respectivamente. Com muito menor frequência foram indicadas ainda as seguintes opiniões dos gestores quanto à contribuição das ações complementares para a autonomização das famílias: a possibilidade de rompimento do ciclo da pobreza e de retirada de crianças de situações de risco; maior acesso aos serviços de saúde, sobretudo no tocante ao acompanhamento nutricional das crianças de 0 a 7 anos. Cumpre aqui ressaltar o número relevante de opiniões negativas e pessimistas quanto à possibilidade de autonomização das famílias beneficiárias do programa, destacando-se dentre estas: a de que tais ações contribuem apenas para exercer controle e fiscalização sobre a situação social das famílias; de que falta interesse por parte dos beneficiários em participar de algumas ações; de que há muita dificuldade de inserção no mercado de trabalho formal e de que as famílias ao se acomodarem com a transferência de renda não dão prosseguimento às atividades de geração de renda.

O exposto evidencia que, além do quantitativo de ações desenvolvidas ser baixo, a natureza destas não permite a possibilidade do que poderia considerar-se uma capacitação capaz de alavancar a autonomização das famílias.

No tocante à rede de serviços sociais existentes nos municípios para onde são encaminhadas as pessoas das famílias beneficiárias do programa, destacaram-se em ordem de importância os centros de educação (presentes em 58,4% dos municípios), a assistência social, CRAS e Centro de Referência Especializado de Assistência Social

(CREAS) (53,4%), as creches (51,8%), os centros de saúde (50,6%) e o Conselho Tutelar (22,4%). Vale ressaltar o número pequeno de municípios onde os beneficiários do BF foram encaminhados para programas de qualificação profissional (9,4%) e a quase ausência de encaminhamentos para projetos de geração de trabalho e renda. Esse aspecto reafirma a baixa possibilidade de o programa contribuir para a autonomização das famílias.

Quanto à facilidade de acesso e à qualidade dos serviços disponíveis, grande parte das equipes de gestores pesquisadas (52,2%) manifestou-se positivamente, considerando-os bons e satisfatórios. Contudo, destacou-se, em segundo lugar, embora com menor frequência, a resposta de que nas áreas de educação e saúde os serviços oferecidos são insuficientes face às demandas da população, tanto do ponto de vista quantitativo quanto qualitativo (8,6% dos municípios pesquisados). Merecem destaque ainda as respostas de que a qualidade dos serviços e o acesso são adequados, mas são passíveis de aprimoramento, de que o acesso tem sido facilitado a partir da criação dos CRAS e dos CREAS e de que falta monitoramento para avaliar a facilidade de acesso e a qualidade dos serviços.

No item relacionado às condicionalidades do BF, as equipes foram sondadas, em primeiro lugar, sobre a forma como é feito o acompanhamento e o controle da frequência mínima de 85% da carga horária mensal de crianças ou adolescentes de 6 a 15 anos. As respostas mais frequentes a esta questão, em ordem de importância, foram: através da Secretaria Municipal de Educação (35,1% dos municípios); através de relatórios em parceria (18,8%); através de um relatório da secretaria de cada escola/diário de classe (16,3%); através de registro diário de cada aluno no livro de frequência (11%); e através de orientação aos profissionais da educação quanto à importância da frequência dos alunos à escola (11%). Em segundo lugar, as equipes se manifestaram da seguinte forma sobre como é feito o acompanhamento e o controle do cumprimento da agenda de saúde e nutrição pelas famílias beneficiárias que tinham gestantes, nutrizes e/ou crianças menores de 7 anos: 35,1% declararam que tal acompanhamento era feito pela

Secretaria Municipal de Saúde, 30,2% através do Sistema de Vigilância Alimentar e Nutricional (SISVAN), 22,9% pelas unidades de saúde dos municípios e 20,4% pelos agentes comunitários de saúde. Em terceiro lugar, no que se refere aos trabalhos socioeducativos desenvolvidos nos municípios como parte das condicionalidades, destacaram-se as reuniões e palestras socioeducativas, presentes em 61,5% dos municípios. Tais ações socioeducativas são consideradas importantes pelas equipes, em primeiro lugar, como forma de esclarecimento às famílias quanto aos seus direitos (15,5% das respostas), em segundo lugar, para orientar as famílias sobre educação, saúde e qualidade de vida (14,7% das respostas), em terceiro lugar, para orientar as famílias sobre o programa, acompanhá-las e orientá-las para outros serviços socioassistenciais (5,7% das respostas) e, em quarto lugar, para verificar o avanço em relação às mudanças sociais experimentadas pelos beneficiários (4,1% das respostas) e para esclarecimento quanto ao cumprimento das condicionalidades (4,1% das respostas).

O Programa BF mantém um conjunto de condicionalidades, consideradas pelos gestores contrapartidas sociais a serem cumpridas pelo núcleo familiar para que possa manter sua inserção no programa. São um mecanismo de certificação do compromisso e da responsabilidade das famílias atendidas e representam o exercício de direitos para que as famílias possam ter mais possibilidades de autonomia e, assim, possam alcançar uma inclusão social sustentável (BRASIL, 2005). Na área da educação, é exigida frequência mínima de 85% da carga horária mensal de crianças ou adolescentes de 6 a 15 anos de idade das famílias beneficiárias, e na área da saúde, o cumprimento de uma agenda de saúde e nutrição, destacando-se exame de rotina, pré-natal e vacinação, acompanhamento do estado nutricional das crianças e atividades educativas ofertadas pelas equipes de saúde para famílias beneficiárias que tenham em sua composição gestantes, nutrizes e ou crianças menores de 7 anos.

É de responsabilidade dos municípios acompanharem o cumprimento das referidas condicionalidades, cabendo-lhes também a instituição de condições necessárias para que esse acompanhamento ocorra, com envio de informações periódicas ao MDS.

O descumprimento das condicionalidades implica em sanções às famílias, que vão desde advertência, bloqueio até a suspensão e o cancelamento do benefício.

Há que se considerar os aspectos controvertidos que decorrem das condicionalidades dos programas de transferência de renda. Para alguns, o direito de acesso a condições necessárias à sobrevivência deve ser um direito incondicional. Por outro lado, o acesso à educação e a medidas de atendimento básico à saúde são também direitos fundamentais que devem ser garantidos a todo cidadão. Nesse debate, ressaltamos que os estudos apresentados no presente livro são reveladores da insuficiência quantitativa e qualitativa da rede socioassistencial existente na grande maioria dos municípios, apresentando grandes dificuldades de acesso, mesmo da população do BF, a serviços de educação, de saúde e de trabalho. A questão que temos colocado (Silva, Yazbek e Giovanni, 2012; Silva, 2013) é que as condicionalidades nos programas de transferência de renda são, antes, uma obrigação do Estado, ou seja, são deveres do Estado, nos seus três níveis, expandir e democratizar os serviços sociais básicos de boa qualidade, disponibilizando-os a toda a população. Portanto, o problema maior parece ser de disponibilização e democratização de serviços básicos que devem ser divulgados e desenvolvidos trabalhos educativos para que todos possam usá-los adequadamente. Portanto, trata-se mais de ações educativas que punitivas.

4.5 Possíveis contribuições do Bolsa Família para redução da pobreza e críticas e sugestões ao programa

A pesquisa buscou também verificar junto às equipes responsáveis pela implementação do BF a sua opinião sobre a possível contribuição deste programa e de outros programas de transferência de renda para a redução da pobreza no país. Em relação a esta questão,

65,3% dos municípios declararam que os referidos programas contribuem apenas em parte; 30,2% consideraram que eles contribuem; somente 3,7% responderam que não contribuem e 0,8% não respondeu.

Gráfico 21
Opiniões sobre a contribuição do Bolsa Família para a redução da pobreza

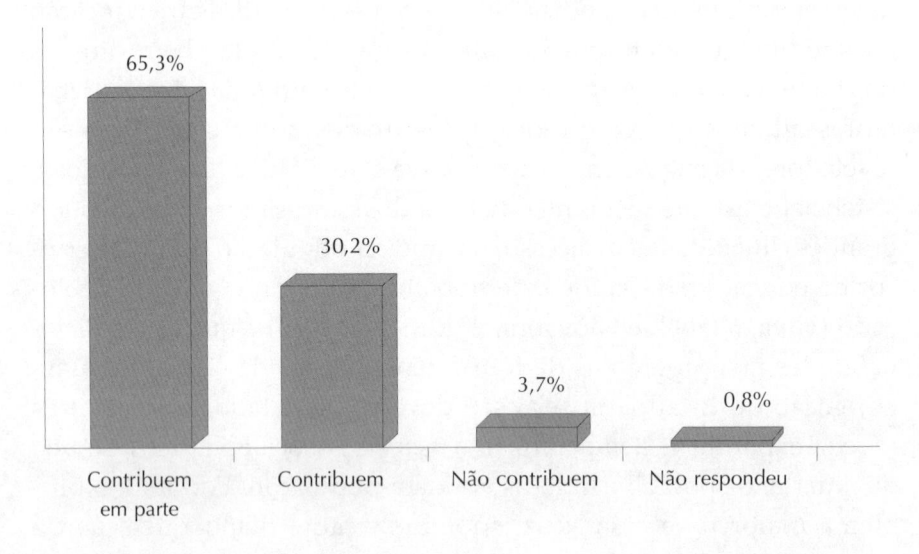

Fonte: Elaboração própria.

Quanto às principais razões apontadas pelos que consideraram que estes programas contribuem neste sentido, destacou-se, em primeiro lugar, o aumento da renda e do poder de compra dos beneficiários (14,2%); em segundo lugar, a melhoria do nível de subsistência (13,8%); em terceiro lugar, o maior compromisso com a educação e a saúde (9,0%); em quarto lugar, a possibilidade de acesso aos serviços públicos (7,7%); em quinto lugar, o aumento do patamar de dignidade humana (4,9%); e em sexto lugar, a melhoria da segurança alimentar (4,5%). Já para os que declararam que os referidos programas contribuem apenas em parte para a redução da pobreza, os motivos mais importantes arrolados foram: o benefício não é suficiente, mas ajuda a amenizar a situação de pobreza, na medida em que contribui nas despesas das famílias (22,9%); muitas famílias acomodam-se recebendo o benefício (21,6%); melhora o poder aquisitivo e a qualidade de vida das famílias (18,8%); deve haver programas de geração de emprego e renda e outras políticas sociais que permitam ao cidadão *andar com as próprias pernas* (9,0%). Por último, dentre os que responderam que estes programas não contribuem para a redução da pobreza, as principais justificativas elencadas foram: os programas são apenas paliativos e acabam acomodando as famílias; a pobreza não se restringe à insuficiência de renda, mas também à falta de cultura, educação e saúde de qualidade, o que indica que somente o critério da renda não é suficiente para definir situação de pobreza de modo a garantir a possibilidade de acesso ao programa; o valor do benefício é insuficiente, contribuindo somente para aliviar a fome e não para retirar as famílias da situação de pobreza; a transferência de renda não basta, é necessária uma política de emprego.[31]

Outra questão contemplada na pesquisa foram os fatores facilitadores e dificultadores do processo de implementação do BF em cada município. Quanto aos aspectos que facilitam, sobressaíram, em primeiro lugar, a equipe capacitada e integrada (20,8%); em segundo lugar, o repasse do IGD aos municípios (17,6%); em terceiro lugar, a boa divulgação (15,9%); em quarto lugar, a parceria entre as três esferas de governo (15,1%); em quinto lugar, a estrutura física adequada (14,3%); e em sexto lugar, as capacitações realizadas (13,9%). Já os mais relevantes fatores que dificultam a implementação citados pelas equipes foram: falta de capacitação técnica dos agentes envolvidos (21,6%); falta de pessoal/equipe limitada (15,1%); falta de compromisso das

---

31. Uma discussão mais ampla sobre os impactos do BF, com destaque à sua contribuição para redução da pobreza e da desigualdade é apresentada no Capítulo 3 do presente livro.

famílias beneficiárias (11,4%); escassez de recursos federais (9,8%); demora dos arquivos retornos (9,0%); lentidão e falta de acesso ao Sistema de Benefícios ao Cidadão (SIBEC) (8,2%); descaso das famílias no cumprimento das condicionalidades (7,8%) e escassez de recursos municipais (7,3%). Esses aspectos são muito relevantes e identificados em outros estudos e em observações que temos tido oportunidade de desenvolver em contatos com a realidade empírica de vários programas de transferência de renda.[32]

Enfim, a pesquisa foi concluída com uma indagação sobre as principais críticas e sugestões das equipes municipais em relação ao BF. Dentre as críticas apresentadas, vale ressaltar as seguintes: demora na atualização dos cadastros (9,8%); falta de capacitação das equipes de trabalho nos municípios (9,4%); distorções das informações dos órgãos envolvidos (9,4%); problemas operacionais no CadÚnico (9%); falta de autonomia sobre o bloqueio/desbloqueio (8,2%); informações desencontradas no Centro de Apoio do 0800 do MDS (7,8%); falta de previsão de cadastramento de novas famílias (7,3%) e dependência das famílias com dificuldade de autonomização (5,7%). Quanto às sugestões, merecem destaque: a realização contínua de cursos de capacitação (17,6%); a necessidade de tornar mais claras as informações aos beneficiários (8,6%); a criação de uma política que estimule a geração de trabalho e renda (8,6%); a necessidade de equipes mais capacitadas (7,8%); a melhoria da divulgação do programa (6,9%); a necessidade de um sistema mais rígido de controle das informações (6,1%); maior agilidade na atualização dos cadastros (5,7%) e transformação do aplicativo CadÚnico de *off-line* em *on-line* (5,3%).[33]

---

32. A propósito, veja o Capítulo 4 — *O Bolsa Família como mediação da unificação dos programas de transferência de renda: resultados de um estudo empírico no Maranhão e no Piauí* no livro de Silva (2012).

33. É necessário considerar-se que questões relativas ao CadÚnico, como falta de autonomia sobre o bloqueio/desbloqueio, maior agilidade na atualização dos cadastros e transformação do aplicativo de off-line em on-line, já foram todas superadas a partir da implantação da versão 7 do CadÚnico em vigor.

4.6 Conclusão

Os resultados do estudo empírico sobre o processo de unificação dos programas de transferência de renda mediado pelo BF permitiram o realce de algumas situações vivenciadas nos municípios, tais como se aplica a seguir.

Mereceu destaque a prevalência do aspecto burocrático no desenvolvimento do processo de unificação com a centralidade atribuída à assinatura do termo de adesão do município com o MDS, tendo sido dada pouca atenção ao desenvolvimento de ações de preparação técnica e política para atuação dos técnicos na nova realidade.

A migração dos programas de transferência de renda preexistentes ao BF nos municípios foi um processo complexo e demorado, exigindo grande empenho e envolvimento do pessoal responsável, destacando-se como canal de divulgação do programa para a população a televisão, tendo sido referenciadas principalmente as mensagens publicitárias do governo federal, com realce também para a comunicação informal entre os moradores, denominada de *boca a boca*, e a utilização do rádio, que tem grande alcance nos municípios.

Mereceu destaque a vinculação do BF, na grande maioria dos municípios, com a Secretaria Municipal de Assistência Social ou correlata e a relevância para o desenvolvimento do programa que vem sendo assumida pelos CRAS. Nesse sentido, o BF representa o principal programa no âmbito da proteção social básica implementado nos municípios, demandando a dedicação de grande parte do tempo da equipe técnica dos CRAS.

Quanto ao espaço físico disponibilizado para o BF nos municípios, verificaram-se situações bastante diversificadas, de modo que alguns municípios dispunham de condições de espaço físico satisfatórias. Todavia, na maioria, o espaço físico disponibilizado era ainda restrito e insuficiente para o desenvolvimento de atividades de recepção, atendimento e desenvolvimento das ações complementares desenvolvidas.

Outro aspecto que mereceu atenção foi o quadro de pessoal também diversificado e pouco qualificado, embora pareça apresentar uma composição adequada, sendo constituído de pessoal de nível superior, com destaque aos assistentes sociais, psicólogos e pedagogos e pessoal de nível médio, sobressaindo o pessoal da informática, que ainda não é suficiente para o desenvolvimento das atividades na maioria dos municípios.

No que se refere aos equipamentos disponibilizados nos municípios para implementação do BF, parece ser possível afirmar que são insuficientes para o desenvolvimento satisfatório dos trabalhos, merecendo destaque a pequena quantidade de telefones e de veículos, seguramente, fundamentais para o desenvolvimento do programa.

Sobre a contribuição concreta das ações complementares desenvolvidas para a autonomização das famílias beneficiárias, o estudo revelou que, além de o quantitativo de ações desenvolvidas ser baixo, a natureza destas não permite a possibilidade do que poderia considerar-se uma capacitação capaz de alavancar a autonomização das famílias, constituindo-se este aspecto possivelmente em um dos mais problemáticos no desenvolvimento do BF, mesmo que a articulação com programas estruturantes se constitua em elemento central na própria proposta do Programa.

No tocante à rede de serviços sociais existentes nos municípios para onde são encaminhados os integrantes das famílias beneficiárias, verificou-se a insuficiência quantitativa e, muitas vezes, a precariedade na qualidade dos serviços ofertados, inclusive parte dos informantes considerou que os serviços na área da saúde e da educação são insuficientes face às demandas da população, tanto do ponto de vista quantitativo quanto qualitativo, embora a maioria tenha considerado ser fácil o acesso a esses serviços. Esse aspecto vem complementar e reafirmar a reflexão anterior.

Sobre a possível contribuição dos programas de transferência de renda para a redução da pobreza no país, a grande maioria dos municípios considerou que esses programas contribuem significativamente para minorar a situação de pobreza, sendo destacadas como as principais razões: o aumento da renda e do poder de compra dos beneficiários; a melhoria do nível de subsistência das famílias; o maior compromisso das famílias com a educação e a saúde; a possibilidade de acesso aos serviços públicos; o aumento do patamar de dignidade humana e a melhoria da segurança alimentar. Já para os que declararam que os referidos programas contribuem apenas em parte para a redução da pobreza, os motivos mais importantes arrolados foram: o benefício não é suficiente, mas ajuda a amenizar a situação de pobreza, na medida em que contribui nas despesas das famílias; muitas famílias acomodam-se recebendo o benefício; melhora o poder aquisitivo e a qualidade de vida das famílias. Por último, dentre os poucos que responderam que estes programas não contribuem para a redução da pobreza, as principais justificativas elencadas foram: os programas são apenas paliativos e acabam acomodando as famílias; a pobreza não se restringe à insuficiência de renda, mas também à falta de cultura, educação e saúde de qualidade, o que indica que somente o critério da renda não é suficiente para definir situação de pobreza de modo a garantir a possibilidade de acesso ao programa; o valor do benefício é insuficiente, contribuindo somente para aliviar a fome e não para retirar as famílias da situação de pobreza; a transferência de renda não basta, é necessária uma política de emprego.

Toda reflexão até então desenvolvida sobre o BF desvenda contradições, limites e possibilidades a ele inerentes. Acima de tudo, é importante entender que esse programa não pode ser desconsiderado pelos profissionais da área social, pelos pesquisadores da política social brasileira, pelos políticos de qualquer partido e pela sociedade brasileira no seu todo, pois estamos frente ao maior programa social já implementado no Brasil, a despeito de seus limites estruturais para resolver, ou mesmo para reduzir a pobreza e a desigualdade social num país capitalista que vivencia uma transição da periferia para o centro do capitalismo mundial.

Referências

BRASIL. Ministério de Desenvolvimento Social e Combate à Fome. Portaria GM/MDS n. 551, de 9 de novembro de 2005. Regulamenta a gestão das condicionalidades do Programa Bolsa Família. Brasília, 2005.

SILVA, Maria Ozanira da Silva e. *Caracterização e problematização dos Programas de Transferência de Renda Condicionada (PTRC) na América Latina e Caribe*. São Luís, 2013. (Mimeo.) Texto preliminar produto do Projeto: Programas de Transferência de Renda Condicionada na América Latina: estudo comparado — Bolsa Família (Brasil), Nuevo Régimen de Asignaciones Familiares — AFAM-P.E. (Uruguay) y Asignación Universal por Hijo para la Protección Social (Argentina).

_____ (Coord.). *O Bolsa Família no enfrentamento à pobreza no Maranhão e no Piauí*. 2. ed. São Paulo: Cortez, 2012.

_____; YAZBEK, Maria Carmelita; GIOVANNI, Geraldo Di. *A política social brasileira no século XXI*: a prevalência dos programas de transferência de renda. 6. ed. São Paulo: Cortez, 2012.